はじめに

　愛知県肢体不自由教育研究協議会（以下「愛肢研」と略す）は、養護学校教育義務制が施行された昭和54年に第１回が開催され、今年度まで37年の歴史を積み上げてきました。

　この間、愛肢研は各学校における実践研究を中心に、肢体不自由教育の教育実践に関する研修会、研究協議会を行い、これまで37年間にわたり途切れることなく研究紀要を発行してきました。

　平成11年２月には、初任者や人事異動によって、はじめて肢体不自由教育に携わることになった教員が日々の指導に活用できる手引き書として『肢体不自由教育リーディングブック』を、平成14年４月にはその改訂版『肢体不自由教育リーディングブック２』を刊行するなど愛知県の肢体不自由教育を支える大きな役割を果たしてきました。

　この愛肢研が愛知県における肢体不自由特別支援学校の先生方の学び、そして子供たちの育ちを支える大きな存在であったことをここに改めて実感しています。肢体に不自由のある子供たちを理解し、支援しようとする多くの諸先輩の熱い思いがこの愛肢研を支え、継続していく力になってきたのだと思います。

　愛肢研では、平成25年度からの３年間、「キャリア教育の視点からの授業改善」をテーマとして研究を進めてきました。本書はその３年間の研究をまとめたものです。

　タイトルの「未来へとつなぐキャリア教育」には、愛知県の肢体不自由特別支援学校の先生方が、地道に積み上げてきた確かな教育実践を未来に継承し、さらに発展させていきたいという熱い思いが込められています。

　本書に収められた教育実践の一つ一つは、対象となる子供の教育的ニーズも様々で、個々に課題や未熟な面もありますが、広く読者の皆さんに日々の教育実践の場で参考となれば幸いです。本書を御高覧いただき、御批正、御指導をお願いいたします。

　最後になりましたが、発刊にあたり御指導いただいた、文部科学省初等中等教育局特別支援教育課特別支援教育調査官・分藤賢之氏並びに本書の編集に御尽力くださいました皆様に厚くお礼申し上げます。

平成27年11月

愛知県肢体不自由教育研究協議会
会長　鵜飼　博

発刊に寄せて

　「未来へとつなぐキャリア教育」の刊行を心からお祝い申し上げます。
　昭和31年（1957）に肢体不自由児のための特別支援学校が愛知県立養護学校（現愛知県立名古屋特別支援学校）を含めて3校開校され、東京都立光明小・中学校と合わせて4校となりました。昭和32年には、全国養護学校長会肢体不自由教育部会として校長会が発足し、同年6月14日、第1回肢体不自由教育研究会が愛知県立養護学校で開催されました。肢体不自由教育研究会は、昭和39年3月より全国肢体不自由教育研究協議会（全肢研）となり、現在に至っています。
　その間、昭和54年の養護学校義務制元年には、全肢研が愛知県で開催されることとなり、それを契機に愛知県肢体不自由教育研究協議会が発足したと聞いています。愛知県肢体不自由教育研究協議会は、今日までの37年間という長きにわたり、肢体不自由教育の「原点」に立脚し、特殊教育の時代から特別支援教育の時代へ、そして、インクルーシブ教育システム構築のための特別支援教育の推進へと、時代の潮流とともに求められる特別支援教育の喫緊の課題に対応した取組を常に意識して会の運営を進められていることに対して、深甚なる敬意と感謝を申し上げる次第です。
　さて、愛知県肢体不自由教育研究協議会を中心に蓄積された特別支援学校（肢体不自由）の教育実践が「未来へとつなぐキャリア教育」として言語化されました。各校におけるこれまでのキャリア教育の実践について、どのような課題があり、どのようにして解決に迫ったのか、その道筋が残されたということになります。今後、キャリア教育について戸惑う教職員の『道標』になる貴重な資料となります。しかし、同時にそこに示された内容は、今後を保障するものではないということにも、活用する側は踏まえておかなければなりません。
　例えば、10年前、今の技術革新やグローバル化等がここまで進展していることを誰が予想していたでしょうか。AT（支援技術）・ICT（情報通信技術）を活用した指導の方法等をみても大きく変化を遂げています。
　このように変化の激しい時代だからこそ、過去を継承し、今の特別支援教育を支えている我々の手で、変えてはいけないもの、変えなければならないものについて、どのように整理をしていったのか、未来に向けて道筋を残していく責務があるのだろうと思います。
　平成26年11月20日、文部科学大臣から中央教育審議会に対し、「初等中等教育における教育課程の基準等の在り方」について諮問がなされました。諮問の背景には、10年後の社会構造や雇用環境などが、生産年齢人口の減少、グローバル化の進展や絶え間ない技術革新等により大きく変化し、今の子供たちが就くことになる職業の在り方などについても、現在と比較すると随分と様変わりすることになるだろうという指摘によるもの

です。
　そのような社会の中で生きていかなければならない子供たちに対して、こうした変化を乗り越え、高い志や意欲をもつ自立した人間として、他者と協働しながら価値の創造に挑み、未来を切り開いていく上で必要な資質・能力を確実に育んでいくことができるような学習指導要領等の在り方が今審議されています。
　このような時期に「未来へとつなぐキャリア教育」が発行されたことは、時宜を得たものであり、誠に意義深いものだと思っています。
　特別支援学校では、これまでも育成すべき資質・能力論やキャリア教育などの研究について大切に取り組んできました。地域や子供の実態は一様ではなく、各校が取り組むべき具体的な教育課題は、学校ごとに様々です。また、学校を取り巻く状況も、社会の急激な変化やそれに伴う子供の生活様式や意識、地域社会の実態、保護者の期待なども様々な局面において変化しています。
　このような状況等を十分に踏まえ、各校では、自校の教育の方向性、求められている結果（学校教育目標）の明確化に努めていかなければなりません。最近では、各校の教育課程で学び卒業していった生徒が、今進路先でどのような課題を抱え、生活の実態はどうなっているのか。また、学校で身につけた力が進路先や生活の場でどのように役立っているのか。高等部卒業後の進路を見据え、それを教育課程や授業の改善に反映させていく理論（逆向き設計（backward design）：Grant Wiggins, Jay McTighe によって提案）に基づいた「カリキュラム・マネジメント」の研究が見られるようになってきました。
　一方、教育で求められている結果は、小学部からの日々の授業の積み重ねの結果ですが、障害のある子供たちにとって、自立と社会参加に必要な能力や態度等の獲得には時間がかかるため、小学部からキャリア教育を教育活動に組み込んだ研究への取組も増えてきました。本書にもそのような教育実践が掲載されていますので参考にしてほしいと思います。
　最後に、愛知県肢体不自由教育研究協議会におかれましては、本書を踏まえた今後の実践において、子供が成長した姿を指導の根拠を示しながら、教職員間で大いに語り合ってほしいと思います。そして、幾年かのちに、この実践を引き継いだ方たちの手で、肢体不自由のある子供たちが小学部段階から、こういう力を、こういう方法で育成していければ、このような自立と社会参加の道が拓けてくる、といった教育実践をまとめた本書第２弾の発行に期待しています。

平成27年11月

文部科学省
特別支援教育調査官　　分藤　賢之

目　次

はじめに　　　　　愛知県肢体不自由教育研究協議会会長　　　　　　鵜飼　　博
発刊に寄せて　　　文部科学省特別支援教育調査官　　　　　　　　分藤　賢之

Ⅰ　理論編 ―――――― 7

1 ■ 愛知県におけるキャリア教育の推進
　　　　　愛知県教育委員会特別支援教育課　　　　　　　　　　　　　　　8
2 ■ 肢体不自由特別支援学校におけるキャリア教育
　　　　　愛知県総合教育センター相談部　　　　　　　　　　　　　　　 12

Ⅱ　基礎編 ―――――― 17

1 ■ キャリア教育の手引き
　　　　　愛知県立名古屋特別支援学校部主事　　　　　　酒井　哲哉　　 18
2 ■ 個別の教育支援計画、個別の指導計画への反映
　　　　　豊田市立豊田特別支援学校部主事　　　　　　八重澤直樹　　 28
3 ■ 家庭におけるキャリア教育の推進
　　　　　愛知県立名古屋特別支援学校部主事　　　　　　酒井　哲哉　　 33

Ⅲ　実践編 ―――――― 37

1 ■ 教科学習に取り組む際の環境設定の工夫
　　　～「とりくむ」「かかわる」力を育むために～
　　　　　愛知県立名古屋特別支援学校　　　　　　　　　　　　　　　 38
2 ■ キャリア教育の視点からの授業改善
　　　～「自立活動（あさのかい）」の活動を通して～
　　　　　瀬戸市立瀬戸特別支援学校　　　　　　　　　　　　　　　　 44
3 ■ 小学部・生活単元学習での取組
　　　　　愛知県立一宮特別支援学校　　　　　　　　　　　　　　　　 51
4 ■ 生活に生かせる力の育成
　　　～より豊かに暮らす力を育てる大作戦～
　　　　　愛知県立名古屋特別支援学校　　　　　　　　　　　　　　　 57
5 ■ 周りと関わり健康でよりよく生きるために
　　　～摂食に関する実態引き継ぎ表を通して～
　　　　　愛知県立小牧特別支援学校　　　　　　　　　　　　　　　　 62
6 ■ キャリア教育の視点に基づいた「日常生活の指導」の授業改善
　　　～障害の程度の重い児童生徒の教育課程における給食前活動の指導実践を通して～
　　　　　愛知県立ひいらぎ特別支援学校　　　　　　　　　　　　　　 70

7 ■自立活動「食事」の授業
　～生きる力を育てるために～
　　　　　　　　　　　　　　　　　愛知県立豊橋特別支援学校　　77

8 ■自立活動「感覚・運動」の授業改善
　　　　　　　　　　　　　　　　　愛知県立豊橋特別支援学校　　83

9 ■重複障害学級の音・音楽を通した授業実践
　～笑顔あふれるライフキャリアの充実を目指して～
　　　　　　　　　　　　　　　　　愛知県立岡崎特別支援学校　　95

10 ■キャリア発達を促す系統性のある指導を目指して
　～生活単元学習での校外学習において～
　　　　　　　　　　　　　　　　　豊田市立豊田特別支援学校　　103

11 ■教育課程Aにおけるキャリア教育の実践
　～職場体験の実施に向けた授業改善～
　　　　　　　　　　　　　　　　　愛知県立一宮特別支援学校　　110

12 ■自分らしい生き方を実現するために
　～主体的な行動を高めていく支援を通して～
　　　　　　　　　　　　　　　　　愛知県立港特別支援学校　　117

13 ■中学部の作業学習における授業改善
　～成功体験を積み重ねる授業を目指して～
　　　　　　　　　　　　　　　　　愛知県立ひいらぎ特別支援学校　　123

14 ■卒業後の生活の充実を図るために
　～学校設定教科・科目「社会生活・自分発見」の設定と取組について～
　　　　　　　　　　　　　　　　　愛知県立小牧特別支援学校　　130

15 ■体験的活動を大切にしたキャリア教育の取組
　～生徒の夢の実現に向けて～
　　　　　　　　　　　　　　　　　愛知県立岡崎特別支援学校　　138

16 ■体育におけるボッチャの取組について
　～地域とともにある学校づくりを目指して～
　　　　　　　　　　　　　　　　　瀬戸市立瀬戸特別支援学校　　144

17 ■就労を目指す生徒への支援の取組
　～日常生活における働く力の獲得と企業との連携について～
　　　　　　　　　　　　　　　　　愛知県立港特別支援学校　　151

18 ■卒業後の自立した生活に向けての取組
　～福祉サービスの概要と利用方法について学ぶ～
　　　　　　　　　　　　　　　　　豊田市立豊田特別支援学校　　158

巻末
　愛知県肢体不自由教育研究協議会　研究紀要（研究一覧）　　164
　執筆協力者一覧　　170

おわりに　　愛知県肢体不自由特別支援学校校長会代表　　小川　純子　　172

I
理 論 編

Ⅰ 理論編

愛知県におけるキャリア教育の推進

愛知県教育委員会特別支援教育課

　キャリア教育の定義は、平成23年１月の中央教育審議会答申「今後の学校におけるキャリア教育・職業教育の在り方について」の中において、「一人一人の社会的・職業的自立に向け、必要な基盤となる能力や態度を育てることを通して、キャリア発達を促す教育」とされています。また、同答申では、キャリア発達とは「社会の中で自分の役割を果たしながら、自分らしい生き方を実現していく過程」と定義されています。つまり、キャリア教育は、子どもや若者がキャリア（人が生涯の中でさまざまな役割を果たす過程で、自らの役割の価値や自分と役割との関係を見いだしていく連なりや積み重ね）を形成していくために必要な能力や態度の育成を目標とする教育的働きかけであり、重要なのは、自らの力で生き方を選択していくことができるよう必要な能力や態度を身に付けるための支援をしていくことです。

　キャリア教育という言葉が初めて公的に使われたのは、平成11年12月の中央教育審議会答申「今後の初等中等教育と高等教育との接続の改善について」においてです。当時、キャリア教育という言葉は耳慣れないものであり、どのように学校教育の中で実践していけばよいのか、学校現場でも数多く話題に上りました。

　その後、同審議会や国立教育政策研究所生徒指導研究センター、文部科学省内「キャリア教育の推進に関する総合的調査研究協力者会議」などにおいて、さまざまな面から調査検討がなされ、報告書等が発表されることにより、キャリア教育の必要性や重要性が徐々に浸透していくこととなりました。そして、平成18年の教育基本法の改正、平成20年３月の幼稚園教育要領と小・中学校学習指導要領の改訂、平成21年３月の高等学校学習指導要領改訂などの整備を経て、学校の教育活動全体を通じて勤労や職業に関すること、自立的に生きること、学校内外における社会的活動の促進、計画的組織的な進路指導など、さまざまな面でキャリア教育を推進することが明確にされています。

　愛知県においては、これら国の動向を受けて、さまざまな調査研究や施策を行ってきました。ここではその一部を紹介します。

　平成17年度から平成19年度にかけて、愛知県総合教育センターにおいて継続した調査研究を実施し、「愛知県総合教育センター研究紀要　第97集　キャリア教育推進に関する調査研究」としてまとめました。

　平成22年度には「キャリア教育推進の手引」を発行し、キャリア教育の内容やその推進方法を分かりやすく説明するとともに、各小中学校への啓発を行いました。また、平成23年度には小学校・中学校・高等学校及び特別支援学校で活用できるキャリア教育

ノート「夢を見つけ 夢をかなえる航海ノート」を発行しました。このノートは、日頃の授業や行事等の体験的な活動で学んだことを書き留めてファイル等に累積保存し、自分の成長を振り返ることができるように構成しており、現在の自分自身を見つめ、自己の将来や就きたい職業、生き方を考えることで、社会的・職業的自立の基盤となる能力や態度の育成の一助とするものです。このノートは県内の全学校に配付され、さまざまな場面で活用されており、キャリア教育の大きな推進力となっています。

各学校段階においては、11ページの図にあるように、系統的なキャリア教育を推進するため、次のような事業に取り組んでいます。

小学校では、地域の方を招いて講話や体験活動を実施する中で、子どもたちが働くことや自分の生き方について考えを深め、深めた考えを下級生に語り継ぐことで、キャリア教育を推進することを目的に「地域に学び・語り継ぐキャリア教育推進事業」を展開しています。中学校では、事前・事後指導を通して、子どもたちが将来の生き方について真剣に考え、働くことや学ぶことへの意欲が向上することを目的に「あいち・出会いと体験の道場推進事業」として、全公立中学校の2年生を中心に5日間程度の職場体験を実施しています。高等学校では、学校生活から職業生活への移行が円滑に行われ、将来、社会人・職業人として自立していくことができるよう、キャリア教育推進事業を実施しています。この事業では、普通科高等学校を含めた県立高等学校でインターンシップを実施するほか、高等学校3年間の系統的なキャリア教育の推進方策の研究や、インターンシップをさらに進めた企業実習を専門高等学校に導入するための研究などを行い、高等学校におけるキャリア教育の一層の充実を図っています。

特別支援学校では、小学部から高等部まで、発達段階に応じて勤労観・職業観を育んだり、就労に向けたスキルを身に付けたりすること及び就労支援を推進することを目的として、キャリア教育推進事業を展開しています。小学部では、社会参加活動や近隣の職場見学などの校外学習を通して、働くことに対する興味・関心を高める「ふれあい発見推進事業」を行っています。中学部では、就労の準備体験として地域の職場の見学や簡単な作業などの体験を行う「チャレンジ体験推進事業」を展開しています。高等部では、県立学校において就業体験を行う「就労支援推進事業（県立学校における就業体験）」を実施するなど、実際の社会での生活や就業に向けた取組を行っています。

他の事業を含めた詳しい事業内容としては以下のとおりです。これらの事業について互いに相乗効果が得られるよう、それぞれの事業同士につながりをもたせながら展開しています。

① キャリア教育・就労支援推進委員会

○ 目的	特別支援学校と労働・福祉等の関係機関が、キャリア教育及び就労支援を円滑に進めるための方策を協議する。
○ 協議内容	・キャリア教育及び就労支援を円滑に進めるための方策について ・労働局等と教育委員会の連携について

	・関係機関と連携した就労支援について
	・キャリア教育ノートの活用、改善について

② **ふれあい発見推進事業（小学部）**

○ 目的	学校近隣の商店、工場などで「働く人」の見学をすることで、身の回りの仕事や働く人に興味関心をもつ。
○ 事業の内容	・小学部6年児童を対象にした校外学習

③ **チャレンジ体験推進事業（中学部）**

○ 目的	地域の商店や工場、チェーンストア等でのいろいろな仕事や作業等の体験や見学をとおして、働くことへの意識を向上させるとともに勤労観・職業観を育てる。
○ 事業の内容	・中学部3年生徒を対象にした就労の準備体験

④ **就労支援推進事業（県立学校における就業体験）（高等部）**

○ 目的	県立学校との連携協力による就業体験を実施し、生徒の勤労観・職業観を高める。
○ 事業の内容	・知的障害特別支援学校及び肢体不自由特別支援学校の高等部第2学年を対象にした、県立学校における就業体験 ・就業体験を実施するに当たり、保護者、教員OB、大学生等の実習サポーターを配置し、生徒を支援する。

⑤ **地域就労支援ネットワーク事業**

○ 目的	国の機関が実施する会議への出席等をとおし、地域における就労支援体制の強化を図る。
○ 事業の内容	・「ネットワーク会議」等への参加 　　障害者就業・生活支援センター主催の会議や自立支援協議会等 ・関係企業とのネットワーク作り 　　産業現場等における実習の受け入れ先、新たな地域の企業等 ・就労支援機関とのネットワーク作り 　　ハローワークや障害者職業センター

　ほとんどの特別支援学校では、小学部、中学部、高等部があり、12年間の継続した指導・支援が行われています。この12年間をキャリア発達という側面からとらえて指導・支援を行うことで、障害のある児童生徒が自分自身を見つめ、自分の障害と向き合い、社会的な自立と社会参加に向けてキャリア発達を遂げていくことが可能となります。

　上記の事業への参加を含め、特別支援学校の幼児児童生徒が学校生活の中で、のびのびと学習に取り組み、勤労観・職業観を向上させ、更なるキャリア発達を遂げていくことを期待します。

　子どもたちを取り巻く環境や学校教育に求められるものは日々変化しており、また、社会においては障害のある者が積極的に自立し参加していける環境整備が進みつつあります。学校での学習と社会生活とを関連付けたキャリア教育を推進・実践していくことで、生涯にわたって学び続ける意欲の向上、社会人としての基礎的資質・能力の育成を図るとともに、「生きる力」を育んでいきます。

平成27年度 愛知県が進めるキャリア教育に関わる事業
（小・中・高それぞれの発達段階に応じた系統的なキャリア教育の推進を図る総合プラン）

自分らしい生き方の実現・夢の実現

社会的・職業的自立

小学校

＜目標＞
◎働くことの大切さを理解し、目標に向かって努力する態度を身に付ける。
◎興味・関心をはぐくみ、憧れの気持ちをもって、自分の将来を考える。

○地域に学び・語り継ぐキャリア教育推進事業
「地域に学ぶ・語り継ぐ」を振り返る場を設け、児童の発達段階に応じた6年間を見通した事業の展開

【平成27年度の重点】
年間指導計画に基づいた系統的なキャリア教育の推進

中学校

＜目標＞
◎興味・関心に基づき、勤労観・職業観を身に付ける。
◎生き方や進路について、今の自分を見つめながら考える。

○あいち・出会いと体験の道場推進事業
全公立中学校の2年生を中心に5日間程度の職場体験を実施
＊事前・事後指導等の充実

【平成27年度の重点】
職場体験を核に、3年間を見通したキャリア教育の推進

高等学校

＜目標＞
◎進路情報の収集に積極的に参加し、勤労観・職業観を確立する。
◎自分なりの将来設計を立て、社会に出るための準備をする。

○キャリア教育推進事業
・インターンシップの推進
・キャリアリンクの講座の実施
専門高校生等を対象にプロフェッショナルによる実践的指導を受ける
・地域ものづくりキャリアップ講座の開催
専門高校生を対象に、専門的な現場実習を行う
○県立高等学校海外インターンシッププロジェクト
専門高校生等を対象とした夏季休業中に5日間の海外インターンシップを行う

【平成27年度の重点】
地域との協働により学習意欲の向上につなげるキャリア教育の推進

○あいちさとフェスタ〈開催予定地 半田・岡崎〉

キャリア教育ノートの活用

特別支援学校

小学部

＜目標＞
◎人とのふれあいをとおして、自分が好きなことや得意なことを見つける。
◎働くことに対する興味関心を高める。

○ふれあい発見推進事業
6年生を対象に、近隣の商店・工場での見学人の見学等を実施

○地域就労支援ネットワーク事業
地域のネットワーク会議への参加、企業や就労支援機関とのネットワークの構築による就労支援体制の強化

中学部

＜目標＞
◎人の役に立ち、感謝される体験をとおし、働くことへの意欲を高める。
◎仕事や作業等の体験をとおして、勤労観・職業観を育てる。

○チャレンジ体験推進事業
3年生を対象に、地域の店、工場、施設などの見学、就労の準備体験を実施

高等部

＜目標＞
◎企業や事業所等での就労体験をとおして、勤労観、職業観を高める。
◎関連機関と連携を深め、学校から社会への円滑な移行と職場定着を図る。

○就労支援推進事業
2年生対象の県立学校就業体験を実施

【新規重点事業】
○就労アドバイザー配置事業
拠点校2校に1名ずつ配置
○職業教育充実強化事業
職業教育コース導入準備等

【平成27年度の重点】
「就労支援」に視点をあてたキャリア教育の充実〈キャリア教育・就労支援推進委員会の実施〉

キャリア教育会議
愛知県が進めるキャリア教育の在り方の提言

提言を受けて実践的な検討
①小中学校部会 ②高等学校部会 ③特別支援学校部会

キャリア教育推進委員会

I 理論編

肢体不自由特別支援学校におけるキャリア教育

愛知県総合教育センター相談部

（1）肢体不自由教育とキャリア教育

　「キャリア教育」という言葉は、平成11年12月、中央教育審議会答申「初等中等教育と高等教育との接続の改善について」の中で初めて明記されました。耳慣れない言葉に、若干の戸惑いはありましたが、幼児児童生徒を目の前に、多くの教師が「キャリア教育」の観点での指導・支援を模索しました。それは全く新しい概念ではなく、これまでも地道に取り組んできたことに、改めてキャリア発達、発達年齢、生活年齢を考慮し、未来へとつなぐために、系統的に連続性をもって取り組んでいくように整理したものです。県内の肢体不自由特別支援学校でも、平成20年頃から組織的に「キャリア教育」を教育活動に盛り込んで指導・支援するようになりました。

（2）肢体不自由特別支援学校でのキャリア教育の推進
ア　「自立と社会参加」を意識した指導・支援（重度・重複化への対応）

　近年、肢体不自由特別支援学校では障害の重度・重複化が顕著であり、医療的なケアを必要とする幼児児童生徒が多く在籍するようになってきています。そのような幼児児童生徒の「自立と社会参加」を考えるとき、「自立」とは何かを改めて捉え直す必要があります。「自立」とは、一般的には「身辺自立」「経済的自立」などの言葉から「一人で暮らす」「一人で働く」などを思い浮かべますが、そのことだけを「自立」と考えるならば、重い障害のある幼児児童生徒の多くは「自立」が難しいということになってしまいます。しかし、特別支援学校学習指導要領の「自立活動」で扱う「自立」の意味は広義的な「自立」で、その子自身のもっている力を最大限に発揮することです。つまり、こうした意味においての「自立的な生活」とは、自己選択・自己決定が背景にあり、させられる生活ではなく、自ら進んでする生活でなければならないのです。

　例えば、小学部の低学年などでよく見る場面として、衣服を汚してしまって着替えを行うことがあります。教師は衣服入れの中から、数枚のシャツを出して、「どれを着ようか？」と本人に選択させます。本人の意思が曖昧な場合でも「あなたはどう思っているの？」「あなたの気持ちを教えてね」というメッセージを伝える努力をします。また、何らかの形で気持ちを表現させようと試みます。このような取組の蓄積が自立的な生活につながっていくのではないでしょうか。障害が重度だからといって、学校での生活が受動的になってしまったら、卒業後の能動的な生活は期待できません。

　また、生活習慣の確立、基礎学力の向上、個々の実態に応じた知識や技能の習得など

も学校で学ぶ大切な学習内容です。これらの習得は学校教育の重要な役割であり、将来の生活において選択の幅を広げるという観点で非常に重要なものです。私たち教師が大切にしたいのは、どんな学習の場面においても主体的に取り組めるように、個々の実態に応じた支援をするという点なのです。

イ　個別の教育支援計画及び個別の指導計画の作成・活用

　文部科学省では、キャリア教育の視点を「人間関係形成・社会形成能力」「自己理解・自己管理能力」「課題対応能力」「キャリアプランニング能力」としています。これらの能力を肢体不自由特別支援学校の指導内容に当てはめた場合、各校が「かかわる」「くらす」「とりくむ」「はたらく」（名古屋特別支援学校の例）など、学校の実情に応じてねらいを整理し、キャリア教育の全体計画を立てることが第一歩となります。次に、その全体計画を基に、個別の教育支援計画や個別の指導計画を作成し、授業に反映させていく手順が必要となります。

　学校では、幼児児童生徒における生活の質の向上や将来の生活が豊かなものになることを願い指導・支援をしています。しかし、学習が実際の生活とかけ離れていたり、般化できていなかったりすると、学校でできたとしても、家庭や地域での生活、就労の場面でその力を活用し発揮できないということが少なくありません。"学校ではしっかり挨拶ができるのに、就職先では挨拶ができない"という事例のように、挨拶ができないことで自信がなくなり、さらに仕事にも意欲がもてなくなってしまう悪循環になります。このような学校の中だけで完結してしまっていた指導・支援の反省を踏まえて、学校生活から社会生活への移行、また、移行の部分だけでなく、生涯を見据えた形での指導ができるように、個別の教育支援計画に長期的な目標を盛り込んでいく必要があります。

　生涯を見据えた支援をするためには、二つの視点がポイントとなります。一つは、学習した基礎能力が、現在の生活で活用できるという視点です。もう一つは、将来過ごす環境に適応し、より質の高い生活をしていけるという視点です。低年齢の段階では、現在の環境での活用が重視されます。そして、年齢が上がるに従って、卒業後の生活環境への適応が重視されていきます（図１）。

　次に、個別の指導計画では、適切な実態把握から、目標や手立て、評価を充実させ、次の指導・支援へつなげることを継続的に行う必要があります。また、個別の教育支援計画には、本人の夢や願い、興味・関心など将来活用することができそうな力や長所なども記します。しかし、幼児児童生徒の実態や教育的ニーズを把握し、計画作りをしていくときに、障害が重度であればあるほど、夢や

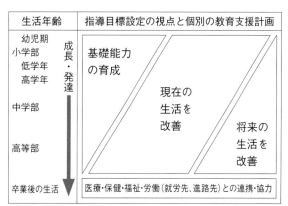

図１．指導目標設定の視点と個別の教育支援計画のイメージ

希望や願いなどを把握し、計画や授業に反映していくことは困難になります。そういった場合、幼児児童生徒の最も身近な存在である保護者と一緒に考え、本人の思いに寄り添って、夢や願いなどを含めた教育的ニーズを把握することが大切です。

　保護者や教師がその子の気持ちに思いを馳せて、代弁することがありますが、本当に本人が思っていることと合致しているかは、実際にはわからないこともあるでしょう。しかし、あくまでも本人が主体であるということを忘れず、豊かな人生を歩んでいけるよう、学校と家庭が連携協力してサポートしていきたいものです。

ウ　キャリア教育の視点を取り入れた授業実践

　幼児児童生徒の将来を見据えて指導している私たち教師は、その具体的な「自立」の姿を、目の前の子どもに対して思い描くことはできているでしょうか。「Aさんの場合、Aさんがどのようになっていれば自立的な生活になっている」と言えるのかを考えているでしょうか。

　中学部や高等部では「自立活動」以外にも「作業学習」「校内実習」「産業現場等における実習」などがあり、学習や職業を意識した進路指導が行われていますが、それだけがキャリア教育ではないことは言うまでもありません。「ワークキャリア」だけでなく、「ライフキャリア」の視点でも充実した授業を展開していく必要があります。充実した授業実践を行うためには、学校の教育目標の下で適切な教育課程を編成し、子どもたちの将来の生活がより一層豊かなものになるような学習内容を授業に取り入れながら、PDCAサイクルを活用した授業を展開することが重要です。

　例えば、自分の考えを発表したり、自分の思いを表現（発声、笑顔、身ぶり等も含めて）したりすることをとってみても、人間関係の形成に関する力や課題に対応していく力につながっていると考えることができます。幼児児童生徒は、認められることで自己肯定感をもちます。教師は、幼児児童生徒の些細な表現も見逃さず反応し、「また表現しよう」という気持ちを育てることが大切です。一つ一つを意識的に積み上げ実践していくことで、子どもは主体的に取り組めるようになり、結果、授業はキャリア教育の意味をもちます。

　また、体験や経験が少なくなりがちな肢体不自由の幼児児童生徒は、その学習の過程を丁寧に見ていく必要があります。ICT等を活用して選択したり意思確認をしたりしますが、機器の活用のみに目が向いてしまっていることが往々にしてあります。自己選択・自己決定することがゴールではなく、それを実際に体験することを意識的に学習の中に取り入れることが大切です。そうすることで子どもたちは、体験から達成感・成就感を味わい自信をもちます。そして、その学習したことを生活に活かしていくことでしょう。

　このような手順を一連のプロセスと考えた授業実践を心がける必要があります。

エ　地域を巻き込む組織的取組

　「組織的取組」というと、学校という組織がどのように取り組んでいくのかと考えがちですが、子どもたちの卒業後の暮らしは学校以外の場所にあります。

特殊教育から特別支援教育へ転換を遂げたとき、文部科学省初等中等教育局長通知「特別支援教育の推進について」では、「特別支援教育は、障害のある幼児児童生徒の自立や社会参加に向けた主体的な取組を支援するという視点に立ち、幼児児童生徒一人一人の教育的ニーズを把握し、その持てる力を高め、生活や学習上の困難を改善又は克服するため、適切な指導及び必要な支援を行うものである。（中略）障害の有無やその他の個々の違いを認識しつつさまざまな人々が生き生きと活躍できる共生社会の形成の基礎となるものであり、我が国の現在及び将来の社会にとって重要な意味を持っている」と記されています。また、平成24年7月に中央教育審議会初等中等教育分科会が「共生社会の形成に向けたインクルーシブ教育システム構築のための特別支援教育の推進」を報告しました。そこでは「共生社会の形成に向けて、障害者の権利に基づくインクルーシブ教育システムの理念が重要であり、その構築のため特別支援教育を着実に進めていく必要があると考える」としています。

　今の子どもたちが大人になったとき、社会が共生社会となっているためには、すべての子どもたちに早期からお互いのことを理解し合える指導・支援が必要となります。そして教育現場だけでなく、医療、保健、福祉、労働などの各機関がそれぞれに共生社会の実現に向けて連携し、社会全体がそれぞれの機能を十分に発揮することで、障害のある子どもはその能力を十分に活用することができます。社会全体を大きな組織と位置づけ、各機関がそれぞれの役割を自覚して取り組むことができる地域づくりも、学校の役割の一つであるといえます。

　オ　「生きる力」の醸成

　県内の特別支援学校の卒業生が起業をしました。起業をした佐藤仙務さんの著書『働く、ということ』の中で、「働く」ことについて佐藤さんとその相棒である松本さんは次のように語っています。

> **松本さん**：「人生を楽しくするための一つの食料、エネルギーのようなものです。」
> **佐藤さん**：「今までは働くということはお金を得ることだという考え方がありました。そしてその根底には誰かに求められてその人のために何かをするということがありますね。誰かの役に立つこと、お金をもらうこと、その二つの視点があったんですけど、仕事をしていく中で、それだけではない喜びがあったりとか快感があったりとか、いろいろな人と出会う中で、自分の人生の幅が広がっていく気がするようになったんです。だから、むしろ、それを探して仕事をしたり、周りの人との関係を続けていくことが、僕にとっての働くということかもしれません。」

　子どもたちの生きる力は子どもたちの中にある夢や希望や願いが原動力になっていると思います。その生きる力を育み動かすものは、私たち教師の指導や支援が適切に行われることにあるのではないでしょうか。子どもたちの未来が明るいものになるように、私たちは努力を怠らず、できうる限り適切な指導と必要な支援をしていかなければなりません。

II
基 礎 編

Ⅱ 基礎編

キャリア教育の手引き

愛知県立名古屋特別支援学校　酒井 哲哉

　小学部・中学部・高等部の児童生徒が在籍する肢体不自由特別支援学校のキャリア教育は、12年間という長いスパンで構築されます。名古屋特別支援学校では、自分の体（障害）のことを把握し、支援を人に依頼できることが生活自立・社会自立につながるという考えのもと、各部の教育課程を編成しています。その際、中央教育審議会答申「今後の学校におけるキャリア教育・職業教育の在り方について」で示された「基礎的・汎用的能力」の4つの能力「人間関係形成・社会形成能力」「自己理解・自己管理能力」「課題対応能力」「キャリアプランニング能力」を、「かかわる」「くらす」「とりくむ」「はたらく」という簡単な語句に整理し、それぞれ3つの重点項目を設けて12の身に付けるべき能力概念を示すとともに発達段階別の指導内容表を作成しました。

　上記の考えに基づき、名古屋特別支援学校では「キャリア教育の手引き」を作成し、教員の理解促進を図っています。手引きには、本校のキャリア教育全体計画や12年間の発達段階別指導内容表、発達段階別学習プログラムも収録し、学年や教科等を問わず、すべての教育活動が子どもたちの自己実現のためのキャリア教育につながっていることを示しています。これにより、教員にも子どもにも、キャリア教育が身近に捉えられるようになりました。以下、本手引きの一部を紹介します。

愛知県立名古屋特別支援学校 キャリア教育の手引き　表紙

1 キャリア教育の手引き

1 キャリア教育が必要となった背景と課題

情報化・グローバル化・少子高齢化・消費社会等

↓ ↓

学校から社会への移行をめぐる課題
① 社会環境の変化
・新規学卒者に対する求人状況の変化
・求職希望者と求人希望との不適合の拡大
・雇用システムの変化
② 若者自身の資質等をめぐる課題
・勤労観、職業観の未熟さと確立の遅れ
・社会人、職業人としての基礎的資質・能力の発達の遅れ
・社会の一員としての経験不足と社会人としての未発達傾向

子どもたちの生活・意識の変容
① 子どもたちの成長・発達上の課題
・身体的な早熟傾向に比して、精神的社会的自立が遅れる傾向
・生活体験・社会体験等の機会の喪失
② 高学歴社会における進路の未決定傾向
・職業について考えることや、職業の選択、決定を先送りにする傾向の高まり
・自立的な進路選択や将来計画が希薄なまま、進学、就職する者の増加

↓

学校教育に求められている姿

「生きる力」の育成
～確かな学力、豊かな人間性、健康・体力～

社会人として自立した人を育てる観点から
・学校の学習と社会とを関連付けた教育
・生涯にわたって学び続ける意欲の向上
・社会人としての基礎的資質・能力の育成
・自然体験、社会体験等の充実
・発達に応じた指導の継続性
・家庭・地域と連携した教育

↓

キャリア教育の推進

キャリア教育のねらい

学ぶこと　　生きること　　働くこと

各発達段階でのキャリア発達

[小学部] 夢や希望を育む　　[中学部] 生き方を見つめる　　[高等部] 進路選択・決定する

Ⅱ　基礎編

2　キャリア教育の定義

　一人一人の**社会的・職業的自立**に向け、必要な基盤となる能力や態度を育てることを通して、**キャリア発達を促す**教育。端的には、児童生徒一人一人の**勤労観、職業観**を育てる教育。

3　「キャリア」とは

　人が、生涯の中で様々な役割を果たす過程で、自らの役割の価値や自分と役割との関係を見いだしていく連なりや積み重ねが「キャリア」の意味するところである。

4　「キャリア発達」とは

　社会の中で自分の役割を果たしながら、**自分らしい生き方を実現していく過程**を「キャリア発達」という。

5　「社会的・職業的自立、学校から社会・職業への円滑な移行に必要な力」の要素

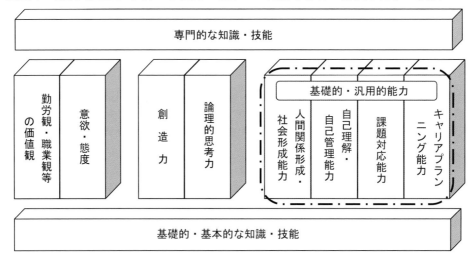

【基礎的・基本的な知識・技能】

　「読み・書き・計算」等の基礎的・基本的な知識・技能を習得することは、社会に出て生活し、仕事をしていく上で極めて重要な要素。社会的・職業的に自立するために、**税金や社会保険、労働者の権利・義務等の理解**も必要。

【勤労観・職業観等の価値観】

　人生観や社会観、倫理観等、個人の内面にあって価値判断の基準となるもの。「なぜ仕事をするのか」「自分の人生の中で仕事や職業をどのように位置付けるか」など**勤労観・職業観**も含む。

【意欲・態度】

　学習や学校生活に意欲をもって取り組む態度や、学習内容にも関心をもたせるものとして、その向上や育成が重要な課題。これは生涯にわたって社会で仕事に取り組み、具体的に行動する際に極めて重要な要素。

【論理的思考力・創造力】
> 物事を論理的に考え、新たな発想等を考え出す力。学力の要素にある「思考力、判断力、表現力」にも表れている重要な要素。

【基礎的・汎用的能力】 ← **キャリア教育で育成すべき力**

> ① 人間関係形成・社会形成能力
> 　多様な他者の考えや立場を理解し、相手の意見を聴いて自分の考えを正確に伝えることができるとともに、自分の置かれている状況を受け止め、役割を果たしつつ他者と協力・協働して社会に参画し、今後の社会を積極的に形成することができる力。
> 　○具体的な要素：他者の個性を理解する力、他者に働きかける力、コミュニケーション・スキル、チームワーク、リーダーシップ等
>
> ② 自己理解・自己管理能力
> 　自分が「できること」「意義を感じること」「したいこと」について、社会との相互関係を保ちつつ、今後の自分自身の可能性を含めた肯定的な理解に基づき主体的に行動すると同時に、自らの思考や感情を律し、かつ今後の成長のために進んで学ぼうとする力。
> 　○具体的な要素：自己の役割の理解、前向きに考える力、自己の動機付け、忍耐力、ストレスマネジメント、主体的行動等
>
> ③ 課題対応能力
> 　仕事をする上でのさまざまな課題を発見・分析し、適切な計画を立ててその課題を処理し、解決することができる力。
> 　○具体的な要素：情報の理解・選択・処理等、本質の理解、原因の追及、課題発見、計画立案、実行力、評価・改善等
>
> ④ キャリアプランニング能力
> 　「働くこと」の意義を理解し、自らが果たすべきさまざまな立場や役割との関連を踏まえて「働くこと」を位置付け、多様な生き方に関するさまざまな情報を適切に取捨選択・活用しながら、自ら主体的に判断してキャリアを形成していく力。
> 　○具体的な要素：学ぶこと・働くことの意義や役割の理解、多様性の理解、将来設計、選択、行動と改善等

【専門的な知識・技能】
> 　どのような仕事・職業でもその仕事を遂行するには一定の専門性が必要であり、専門性をもつことは個々人の個性を発揮することにもつながる。自分の将来を展望しながら**自らに必要な専門性を選択し、それに必要な知識・技能を育成すること**は極めて重要。

6　本校におけるキャリア教育の視点

① 人間関係形成・社会形成能力 → かかわる 「伝える」「協　力」「思いやり」

② 自己理解・自己管理能力 → くらす 「からだ」「気持ち」「生きがい」

③ 課題対応能力 → とりくむ 「主体性」「見通し」「遂行力」

④ キャリアプランニング能力 → はたらく 「役　割」「選　択」「将来設計」

Ⅱ 基礎編

7 本校（肢体不自由特別支援学校）のキャリア教育

① キャリア教育全体計画

本校の教育目標
一人一人を大切にする教育を進め、障害による学習上又は生活上の困難を改善・克服し、力強く生き抜く力を養い、自立への基盤を培う。

本年度の重点目標
- キャリア教育の視点から自立と社会参加に向けて、一人一人のニーズに応じた指導を進める。
- 保護者、医療、地域と共同するコミュニティを形成する。
- 食育や医療的ケア、防災防犯等、健康や安全に配慮した学校づくりを進める。
- 教員としての基盤となる専門性の上に、特別支援教育の専門性を高める。
- 外部の専門家と連携・協力し、研究と修養に努め授業改善を図る。

本年度の各部等における重点目標

小学部	中学部	高等部
人と関わる力を育てる。 ・日々の指導の中で、気持ちの表出や自発的な活動を促す。 ・地域の社会資源を利用し、人と触れ合う機会を多く設定する。 ・保護者との連携を深め、安全で快適な生活環境をつくる。	生活力に結びつく学力を育てる。 ・一人一人のニーズに基づく授業づくりを進める。 ・学習意欲を大切にした授業改善を行う。 ・コミュニケーション力の育成に焦点をあて授業を展開する。	生活自立、社会自立を目指した教育活動を進める。 ・卒業後の社会生活に結びついたキャリア教育の推進を図る。 ・働くこと、人と関わることを意識した授業等の内容・方法を工夫する。 ・自分の意思を相手に伝えるためのコミュニケーション手段の確立を図る。

本校のキャリア教育目標
- 自己を大切にし、まわりの人とも良い関係を築くことができる。
- 自分の課題を理解し、その解決に向けて努力することができる。
- 将来に対する夢や希望をもち、自分らしい生き方を送ることができる。

キャリア教育で育成したい能力

キャリア発達に関わる諸能力	重点項目	重点項目の能力概念
かかわる 〔人間関係形成・社会形成能力〕	伝える	自分の気持ちや考えを自らのコミュニケーション手段で伝える力
	協力	まわりの人と助け合って活動する力
	思いやり	他人の気持ちに心を配り、よりよく関わろうとする力
くらす 〔自己理解・自己管理能力〕	からだ	自分の体の状態や能力が分かり、健康な生活を送ったり支援を求めたりする力
	気持ち	自分を大切にし、よりよい自分になろうとする力
	生きがい	いろいろなことに興味関心をもち、生活を充実させようとする力
とりくむ 〔課題対応能力〕	主体性	自分がすべき課題に対し、自ら向き合うことができる力
	見通し	課題の解決に向けてより良い方法を見つける力
	遂行力	課題に対して最後まで責任をもってやり遂げる力
はたらく 〔キャリアプランニング能力〕	役割	自分の役割を理解し、社会・職業への意識をもって、その役割を果たそうとする力
	選択	生活や働くことに関する情報を取捨選択し、それを活用する力
	将来設計	自己実現のために課題を設定し、将来に向けてのプランを組み立てていく力

1 キャリア教育の手引き

② キャリア形成のための発達段階別指導内容表

能力	重点項目	小学部低学年	小学部高学年	中学部	高等部
かかわる	1 伝える	①a 身近な人にやりたいことを言うことができる。 ①b いろいろなコミュニケーション手段を知る。	① 自分の気持ちを伝えることができる。 ①b いろいろなコミュニケーション手段を使う経験を積む。	①a 自分の気持ちや考えを発表することができる。 ①b 自分のコミュニケーション手段を確立する。	①a 他者に自分の考えを適切に伝えることができる。 ①b 他者にわかりやすい社会的なコミュニケーションスキルを身につける。
	2 協力	② 友達と仲良く遊んだり学習したりできる。	② すすんで友達に関わったり協力したりできる。	② 相手の意見を受け入れながら協力して活動することができる。	② 相手や周囲の状況を理解して、協力したり助け合ったりしながら活動することができる。
	3 思いやり	③a 相手にも自分と同じような気持ちがあることを知る。 ③b 共に生活するために決まりがあることを知る。	③ 相手の気持ちを考えることができる。 ③b 集団生活のルールがわかり守ることができる。	③a 相手の気持ちを大切にすることができる。 ③b 社会的なマナーを身につけ行動することができる。	③a 相手の立場になって考えることができる。 ③b ルールを守り、場面場面にふさわしい態度で行動することができる。
くらす	4 からだ	④a 自分の体の快・不快がわかり伝えることができる。 ④b 自分でできることとできないことがわかり、できないことへの支援を受け入れたり、補う方法に気づいたりできる。	④a 自分の体の状態についてわかり、元気に過ごしたり不調を訴えたりできる。 ④b 自分の障害や能力がわかり、できないことへの支援を求めることができる。 ④c 自分の運動能力の制限がわかり、それを補う手段や技能を身につけようとする。	④a 自分の体の状態を理解し、体調に気をつけ、健康の維持に心がけることができる。 ④b 自分の障害や特性、能力を理解し、必要な支援を求めることができる。 ④c 自分の運動能力の制限を理解し、それを補う手段や技能を身につけ、学習や生活に生かすことができる。	④a 自分の体の状態を把握し、健康の維持増進や体力の向上に努めることができる。 ④b 自分の障害や特性、能力を把握し、必要な支援方法を正確に依頼できる。 ④c 自分の運動能力の制限を把握し、活動をコントロールしながら生活の中で自分の能力を発揮することができる。
	5 気持ち	⑤ 自分のいいところがわかる。	⑤ 自分の長所や短所がわかり、長所は伸ばし、短所は改めようとする。	⑤ 自分の長所や個性がわかり、よりよい自分になろうとする。	⑤ 自分の長所や個性を理解し、それを社会の中で生かそうとできる。
	6 生きがい	⑥ 自分が好きなことを見つけられる。	⑥ 自分が好きなことや興味のあることを増やし、得意なことがわかる。	⑥a 苦手なことにも取り組み、興味関心の幅を広げることができる。 ⑥b 余暇活動を楽しみ、生活に張り合いを見いだすことができる。	⑥a 趣味や興味を深め余暇を過ごし、その機会を通じて社会に参加することができる。 ⑥b 好きなことや得意なことを生かした進路や生活を考えることができる。
とりくむ	7 主体性	⑦ 当番や係の仕事を忘れずに行うことができる。	⑦ 与えられた仕事や係活動を確実に行うことができる。	⑦ 与えられた課題や仕事に意欲的に取り組むことができる。	⑦ 様々な課題や仕事に主体的に取り組み、確実に行うことができる。
	8 見通し	⑧ 今自分がすることと次にすることがわかる。	⑧ 自分の課題がわかり、その解決に向けて努力しようとする。	⑧ 課題の内容を整理し、解決に向けてよりよい方法を探そうとする。	⑧ 課題の内容を的確に分析し、計画的に解決しようとできる。
	9 遂行力	⑨ 自分のことは自分で行おうとする。	⑨ 苦手なことや難しいことでも最後まで取り組もうとする。	⑨ 困難な課題でも最後までやり遂げようと努力できる。	⑨ 困難な課題に対しても、責任をもって最後までやり遂げることができる。
はたらく	10 役割	⑩ 当番や係の仕事がみんなの役に立つと思っている。	⑩ 将来仕事をすることが人々の生活や社会の役に立つと考えている。	⑩ 自分の役割や仕事の社会的な意味を理解し、責任感をもって取り組もうとできる。	⑩ 自分の役割や仕事の社会的な意義を理解し、自分の生き方を考え、将来に向けての目標を設定している。
	11 選択	⑪ 世の中にはたくさんの種類の仕事があることがわかる。	⑪ いろいろな仕事について、本やインターネットなどの手段で調べることができる。	⑪ 希望する進路に関する情報を、様々な方法で集めたり調べたりできる。	⑪ 希望の職業に就くための課題を理解し、その解決のための情報活用をしている。
	12 将来設計	⑫ 自分のできることや好きなことがわかり、将来やってみたいことがある。	⑫ 自分の興味・関心や得意なことを生かした仕事に就きたいと考えている。	⑫ 職業や進路への関心があり、希望の進路を実現させるための課題を設定している。	⑫ 希望の職業に就くために総合的・現実的な課題を設定し、進路の計画を立てている。

③ キャリア教育　発達段階別学習プログラム【教育課程Ａ】

	小　学　部	中　学　部	高　等　部
日常生活	登校時・下校時の挨拶、授業の開始・終了時の挨拶〔①②③〕		
学校生活全般	健康観察・管理、荷物の整理、着替え、排せつ・手洗い、食事・水分補給、授業の準備〔①③④⑧⑨〕		
	休み時間の過ごし方〔①②③⑤⑥〕		
各教科	**国語**「作文」考えを表す、「話す」自分の考えを話す、「音読」声を合わせる〔①②③〕 **社会（3～6年）**「くらしを守る」身近な人の役割、「生活・食料生産」「情報産業」「生活と政治」身近な暮らしの仕組みについて知る〔②③⑩〕 **算数**「計算」〔⑨〕「文章問題」順序立てて考える〔⑧〕 **理科（3～6年）**「実験」仮説を立てて考える〔⑦⑧⑨〕 **生活（1～2年）**「みんななかよし」自己紹介、「わたしの町発見」「自分はっけん」今までの自分を振り返る〔①②③④⑤⑥〕 **家庭（5・6年）**「見直そう食事と生活リズム」「工夫しようさわやかな生活」家庭生活を見つめる、自立の基礎〔③④⑦⑨⑩〕 **体育**「集団活動」ルールを守る、「ゲーム」体を動かす楽しさを知る〔②③④⑤⑥〕 **外国語活動（5・6年）**「あいさつをしよう」世界の国について知る〔①③⑥〕	**国語**「効果的な資料を使って話すには」調べて、資料を使い効果的に話す、「目的に沿って話し合うには」展開や構成を工夫する〔①③⑦⑧⑨〕 **社会**「わたしたちの暮らしと経済」経済活動のしくみを理解し、消費者の権利について考える、国民生活と福祉について考える〔①⑥〕 **音楽**「歌劇の鑑賞」イメージをまとめ発表する、オペラに興味をもつ〔①⑥〕 **美術**「日本の美意識」和菓子のデザインやもてなす心を知る〔③⑥〕 **保健体育**「体つくり運動」ストレッチや集合ゲームを行う〔④〕「健康と環境」健康な生活と病気の予防について知る〔④⑤〕 **外国語**「先生にお願い」目上の人に対しての許可や依頼の表現を学ぶ〔③〕 **技術・家庭**「インターネットで情報を収集しよう」検索の方法を知り、効率よく調べる〔①〕「子どもにとっての家族を考えよう」幼児への働きかけを家族の立場になって考える〔③⑩〕	**国語**「表現の実践」適切な言葉遣い、スピーチ、手紙の書き方、「読書案内」読書感想文〔①③⑦⑧⑨〕 **地理歴史、公民**「現代社会の地球的課題」人口問題、食料問題、地球環境問題〔①⑦⑧⑨〕「現代の社会生活と自己実現」青年期の意義、職業と社会参加〔⑩⑪⑫〕 **理科**「資源の開発の利用」エネルギー資源の利用と問題、資源の開発と環境問題、「生物の環境」生物多様性の保全〔①⑦⑧⑨〕 **音楽**「器楽合奏」他のパートの音を聴きハーモニーを感じて演奏する〔①③⑦⑧⑨〕 **美術**「絵画」「版画」「粘土作品」選んだテーマで構成を考えて作品を作る〔①⑤⑥〕 **体育、保健**「体つくり運動」障害や体力に応じた課題をもって取り組む〔④〕「現代社会の健康」生活習慣病、飲酒・喫煙と健康〔⑦⑧⑨〕 **家庭**「自分らしく生きる」自分を見つめる〔①〕「人と関わって生きる」家族と関わって生きる〔②③〕「社会と関わって生きる」障害者の福祉、支援費制度〔④⑤⑥〕 **情報**「情報の伝達」プレゼンテーション、電子メール、Web メール〔①③⑥〕
道徳	「学校のきまり」「ともだち」「一年の思い出」〔①②③⑤⑥⑦⑧⑨⑩⑪⑫〕	「自分の役割を考えよう」学級、学年、部での役割について考える〔⑤⑥⑦⑩〕「私にとって大切なもの」きれい、かっこいいとは何かを考え、努力したいことをまとめる〔③④⑤⑥〕	
総合的な学習の時間	「将来に向けて～学校の周りで働く人」興味のあることを調べてまとめる〔①②③⑥⑦⑧⑨⑩⑪⑫〕	「私の将来」テーマを決め、調べ発表する〔①②③⑥⑦⑧⑨⑩⑪⑫〕「学年活動」活動内容を考え実行する〔①②③⑥⑦⑧⑨⑩〕	「将来設計能力について」将来設計図の作成、「意思決定能力と人間関係形成能力について」ディベート、ロールプレイング、高等部発表会でのプレゼンの作成・発表〔①②③⑤⑥⑦⑧⑨⑩⑪⑫〕
特別活動	＜学級活動・ホームルーム活動＞新年度準備、当番活動、係活動、学級・学年での話し合いや催し〔①②③⑦⑧⑨⑩〕 ＜児童会活動・生徒会活動＞選挙、全校朝会、部朝会（中・高）みんなのひろば（小）、委員会活動（中・高）、生徒総会（中・高）、スポーツ大会（中・高）〔①②③⑦⑧⑨⑩〕 ＜クラブ活動（4～6年）＞〔①②③④⑤⑥⑦⑧⑨⑩〕 ＜学校行事＞儀式的行事、遠足、運動会、宿泊学習（小）、野外活動（中・高）、社会見学（小・中）、奉仕活動（高）、修学旅行、学習発表会〔①②③④⑤⑥⑦⑧⑨⑩〕		
自立活動	身体機能の向上、情緒の安定〔③⑥⑦⑧⑨⑫〕	基本動作の獲得、体力の向上、心身のリラクゼーション、移動手段の確立〔④⑤〕	身体機能の向上、情緒の安定、生活能力の向上〔④⑤⑥⑦⑧⑨⑩⑪⑫〕 ＜グループでの活動＞体力の向上、コミュニケーション、ルールの理解〔①②③④⑤⑥〕

※　表中の丸数字は「7 ② キャリア形成のための発達段階別指導内容表」（P.23）の育成したい力の各項目を示す。

1 キャリア教育の手引き

【教育課程B】

	小 学 部	中 学 部	高 等 部
日常生活	登校時・下校時の挨拶、授業の開始・終了時の挨拶【①②③】		
学校生活全般	健康観察・管理、荷物の整理、着替え、排せつ・手洗い、食事・水分補給、授業の準備【①③④⑧⑨】		
	休み時間の過ごし方【①②③⑤⑥】		
各教科 教科等を 合わせた指導	**国語** 「音読」「劇遊び」「話す」言葉の獲得、自己紹介、「きもち」気持ちを表現する【①③④⑤】	**国語** 「自己紹介」メモを基にスピーチをする「本の紹介」好きな本を見付け、項目立てて話す【①②③④⑤⑥】	**国語** 「自己紹介」「劇遊び」「社会人の話し方」TPOに合わせた対応、「群読」役割決め、発表会、「敬語で表現しよう」【①②③⑤⑩】
	算数 「じかん」一日の流れ、見通し、「おかね」お金の種類、使い方【③⑧】	**数学** 「時間の理解」時間の単位を知る、カレンダーを作る、電車の時刻表や一日のスケジュールを確認する【③】	**社会** 「世界の中の日本の地理的諸問題」人口、交通問題、産業課題、暮らしと文化【①③⑦⑧⑨】
	音楽 「合唱・合奏」友達の出す音を意識する、「鑑賞」好きな曲を見付ける【②③⑥】	**音楽** 「リズム合奏」友達のパートを聴いて一体感を味わう【②④】	**数学** 「時間・時刻」一日の流れ、「買い物」お金の種類【①②③⑤】
	体育 「集団活動」ルールを守る、集団を意識する、「ゲーム」体を動かす楽しさを知る【②③④⑤⑥】	**保健体育** 「ゴロバレー」チームメイトと協力し、作戦を理解して取り組む【①②③④⑤⑥⑦⑧⑨】	**理科** 「自然界の平衡と人間」食物連鎖、生態系の保全【①③⑦⑧⑨】
	生活単元学習 「お店やさんごっこ」店員とのやりとり、「校外学習」「乗り物遊び（電車）」「季節のくらし」身近な暮らし【①②③⑥⑦⑧⑨⑩⑪⑫】	**英語** 「あいさつの仕方を知ろう」会話のきっかけとなる事柄を練習する、「自己紹介をしよう」カードを作成し自己紹介をする、「旅行先での英会話を学ぼう」空港での会話を練習する【①③⑤⑥】	**音楽** 「器楽合奏」他のパートの音を聴きハーモニーを感じて演奏する【①③⑦⑧⑨】
		生活単元学習 「郵便屋さんになろう」郵便の仕事について知る、「ものしり博士」調べて発表する、「身だしなみについて」使える道具を探し、自分でできることを考える【①②④⑤⑥⑨⑩⑪⑫】	**保健体育** 「サッカー」自己の役割を理解し作戦を立て協力してゲームをする【①②③④⑤⑥⑦⑧⑨】
			英語 「Self about yourself」英語による自己紹介とコミュニケーションの展開【①②③⑤⑩】
			生活単元学習 「自分の体を知ろう」思春期における男女の違い、「校外学習」買い物、スーパーで働く人々【③④⑥⑩⑪⑫】
			作業学習 あいさつ、集中力、積極性、正確性、協調性、時間の意識、効率の工夫、見通し、計画性、コミュニケーション、働くことへの意識・意義【①②③④⑤⑦⑧⑨⑩】
道 徳	「学校のきまり」「ともだち」「一年の思い出」【①②③⑤⑥⑦⑧⑨⑩⑪⑫】	「物語から考える」自分と比較して考える、「自分ってどんな人」履歴書を書く、「社会に生きる」働くことの意味を考える、自分の未来を考える【①④⑤⑪⑫】	
総合的な 学習の時間		「私の将来」物作りや社会に関わる体験、生きがいにつながる体験をする【①②③⑥⑦⑧⑨⑩⑪⑫】 「学年活動」活動内容を考え実行する【①②③⑥⑦⑧⑨⑩】	<各プロジェクトの活動>取り組む内容の話し合い・決定、役割分担、興味・関心に基づく活動、発表会の準備・進行【①②③④⑤⑥⑦⑧⑨⑩⑪⑫】
特別活動	<学級活動・ホームルーム活動>新年度準備、当番活動、係活動、学級・学年での話し合いや催し【①②③⑦⑧⑨⑩】		
	<児童会活動・生徒会活動>選挙、全校朝会、部朝会（中・高）、みんなのひろば（小）、委員会活動（中・高）、生徒総会（中・高）、スポーツ大会（中・高）【①②③⑦⑧⑨⑩】		
	<クラブ活動（4～6年）>【①②③④⑤⑥⑦⑧⑨⑩】		
	<学校行事>儀式的行事、遠足、運動会、宿泊学習（小）、野外活動（中・高）、社会見学（小・中）、奉仕活動（高）、修学旅行、学習発表会【①②③④⑤⑥⑦⑧⑨⑩】		
自立活動	身体機能の向上、情緒の安定【③⑥⑦⑧⑨⑫】	基本動作の獲得、体力の向上、心身のリラクゼーション、移動手段の確立【④⑤】	身体機能の向上、情緒の安定、生活能力の向上【④⑤⑥⑦⑧⑨⑩⑪⑫】
			<グループでの活動>体力の向上、コミュニケーション、ルールの理解【①②③④⑤】

※ 表中の丸数字は「7 ② キャリア形成のための発達段階別指導内容表」（P.23）の育成したい力の各項目を示す。

Ⅱ 基礎編

【教育課程Ｃ】

	小学部	中学部	高等部
日常生活 学校生活全般	登校時・下校時の挨拶、授業の開始・終了時の挨拶〔①②③〕		
	健康観察、排せつ、食事・水分補給〔①④〕		
	休み時間の過ごし方〔①②③⑤⑥〕		
自立活動 各教科 総合的な 学習の時間	＜朝の会・帰りの会＞健康状態の確認、当番の仕事、今日・明日の日課の確認、朝の体操、帰り支援〔①④⑦⑧⑨⑩〕		
	＜みんなのじかん＞「感覚遊び」五感を使って遊び、興味・関心を広げる、自発的な態度を育む〔④⑥〕、「お話遊び」役を意識する〔⑦⑧⑨〕、「お店やさんごっこ」品物を媒体にして教師や友達と関わる〔①②③⑩⑪〕、「粗大運動」体を動かす楽しさを知る〔④⑥〕	＜かだい＞健康や身体の動き、コミュニケーションに関する学習、認知や概念、形成に関する学習を行う〔①④⑤⑥〕	＜季節・くらし＞新年度準備、季節・くらしに関する学習、新川高校との交流、学習発表会（模擬販売）、合同学習（七夕会、クリスマス会、卒業生を送る会）〔①②③⑥⑦⑧⑨〕
		＜まなび＞季節やくらし、行事を題材として学習する〔①②③④⑤⑥〕	＜健康・運動＞体に関する学習〔リラクゼーション、立位、歩行等〕、粗大運動〔②④〕
	＜そだちのじかん＞「リラクゼーション」「移動」自分なりの方法で移動する〔④〕、「姿勢」〔④⑤⑥〕、「コミュニケーション」声や会話補助装置を使ってコミュニケーションをとる、教師や友達との関わりを楽しむ〔①②③〕	＜つどい＞集団活動（伝承遊び、ボッチャ、ダンス、リレー）に参加する〔①②③④⑤⑥⑦〕	音楽 「ミュージカル」順番の意識〔②③〕
			保健体育 「風船バレー」友達と協力〔②③〕
		総合的な学習の時間 「学年活動」活動内容を考え発表する〔①②③④⑤⑥⑦〕	
特別活動	＜学級活動・ホームルーム活動＞当番活動、係活動、学級・学年での話し合いや催し〔①②③⑦⑧⑨⑩〕		
	＜児童会活動・生徒会活動＞選挙、全校朝会、部朝会（中・高）、みんなのひろば（小）、委員会活動（中）、生徒総会（中・高）、スポーツ大会（中・高）〔①②③⑦⑧⑨⑩〕		
	＜クラブ活動(4〜6年)＞〔①②③④⑤⑥⑦⑧⑨⑩〕		
	＜学校行事＞儀式的行事、遠足、運動会、宿泊学習（小）、野外活動（中・高）、社会見学（小・中）、奉仕活動（高）、修学旅行、学習発表会〔①②③④⑤⑥⑦⑧⑨⑩〕		

【教育課程Ａ・Ｂ・Ｃ共通】

	小学部	中学部	高等部
進路関連の 行事等	【夏季施設見学】各種施設の見学を通して、卒業後の進路について考える〔⑩⑪⑫〕		
		【進路相談（中3・高）】生徒、保護者、担任が進路について話し合う〔⑩⑪⑫〕	
		【高等部見学会（中3）】高等部の教育の概要を聞いたり授業を見学したりして高等部の教育を知る〔⑩⑪⑫〕	【進路指導オリエンテーション】高等部の進路指導の概要や進路実現のために学校や家庭で心がけることを知る〔⑩⑪⑫〕
			【進路に関するアンケート】高等部卒業後の進路先についての希望を調査する〔⑩⑪⑫〕
			【進路相談（高2）】更生相談所からの指導・助言をもらい進路の方向付けをする〔⑩⑪⑫〕
			【職業相談（高3）】職業安定所からの指導・助言をもらい進路の方向付けをする〔⑩⑪⑫〕
			【進路講話会】卒業生の話を聞き社会人として自立するための条件や心構えを知る〔⑩⑪⑫〕
			【施設見学】各種施設の見学を通して、施設用具を知ったり卒業後の余暇活動や卒業後の進路先について考えたりする〔⑥⑩⑪⑫〕
			【校内実習】実態に応じた作業や創作活動を通して、自己の作業能力や可能性を把握し進路学習に役立てる〔①②③④⑤⑥⑦⑧⑨⑩⑪⑫〕
			【職場実習のための事業所面接会】職場実習の前の情報交換により実習実現の可能性を探る〔⑩⑪⑫〕
			【産業現場等における実習（高2・3）】企業や施設などの実習を通して、異なる環境への適応力を高め働く態度や心構えを身につける〔①②③④⑤⑥⑦⑧⑨⑩⑪⑫〕
[県教育委員会 キャリア教育 推進事業]	【ふれあい発見推進事業（小6）】働く人々の見学を通して、身の回りの仕事や働く人に興味をもつ〔⑧⑩⑪⑫〕	【チャレンジ体験推進事業「ぶれジョブ」（中3）】いろいろな仕事の体験や見学を通して、働くことへの意識を向上させる〔①②③④⑤⑥⑦⑧⑨⑩⑪⑫〕	【就労支援推進事業「長期間現場実習」】企業での長期間の実習を通して勤労観や職業観を高める〔①②③④⑤⑥⑦⑧⑨⑩⑪⑫〕
			【就労支援推進事業「県立学校における就業体験」（高2）】県立学校での就業体験を通して勤労観や職業観を高める〔①②③④⑤⑥⑦⑧⑨⑩⑪⑫〕

※ 表中の丸数字は「7 ② キャリア形成のための発達段階別指導内容表」（P.23）の育成したい力の各項目を示す。

8　キャリア教育　Q＆A

Q なぜ「キャリア教育」が必要なの？

A 将来に夢をもち，社会人・職業人として自立した社会の形成者となり、よりよい生き方を実現できるようにするためです。

Q 「キャリア教育」はどのような時間に取り組めばいいの？

A 教科・領域はもちろん、行事や学校生活の様々な場面において取り組むことができます。

Q なぜ、小学部から行う必要があるの？

A 小学部の時期は成長が著しく、社会的・職業的自立に向けて、その基盤を形成する重要な時期です。キャリア教育の実践を通して、子どもたちは「生きる力」としての様々な能力を身につけていくことが大切です。そのためには、小さい頃から系統的、計画的な教育活動のもと、自らの役割を果たそうとする意欲や態度を育んでいくことが必要です。

Q 進路指導と何が違うの？

A キャリア教育と進路指導はほぼ同義ですが、キャリア教育は包括的な概念であり、進路指導はその中に含まれキャリア教育の中核をなします。
　キャリア教育は上級学校への進学指導及び就職等の指導のみを目的とするのではなく、児童生徒の生涯にわたるキャリア形成の能力を身につけさせることを目的とした教育です。

Q 「キャリア教育」＝「施設見学」「産業現場等における実習」「就業体験（インターンシップ）」？

A 「施設見学」「現場実習」「就業体験」では、間接的、直接的な体験を通して働くことについてイメージしていきます。
　しかし、キャリア教育は、職場の見学や実習、就業の体験だけでなく、各教科をはじめあらゆる教育活動を通して、キャリア形成を進めていくために必要な意欲・態度や能力を育てていくことが大切です。

個別の教育支援計画、個別の指導計画への反映

豊田市立豊田特別支援学校　八重澤 直樹

　キャリア教育とは、特定の教育活動や体験ではなく、考え方や理念であり、教育課程全体をとおして取り組むべきものです。「一人一人のキャリア発達を支援する」というキャリア教育の視点から、学校や地域における教育の価値を再発見し、一人一人の子どもを中心とした、今の時代に合った教育活動の充実・改善を図るものです。
　では、具体的に何から始めるかというと、新しいことや特別なことを始めるということではなく、これまでの教育活動をキャリア教育の視点から見直していきます。

（1）「キャリア教育」の視点から教育活動の見直しをしましょう！
　授業など教育活動の基になっているものは、「個別の教育支援計画」や「個別の指導計画」です。これらの教育計画をキャリア教育の視点から見直すことが、キャリア教育のはじめの一歩になります。言い換えると、キャリア教育の視点を教育計画に反映させるということが、キャリア教育の推進において大切になります。

見直し1：子ども本人の「夢や希望」は何でしょうか
　～本人主体の計画になっていますか？～
　キャリア教育の主役は、一人一人の子どもたちです。すべての子どもには夢があり、その夢に向かうことでたくさんの力が身につきます。
　はじめの見直しは、子どもの「夢や希望」の見直しです。個別の教育支援計画などに表記されている「夢や希望」は、本当に本人の願いが反映されているでしょうか。言葉で表現できる子どもであれば、本人に聞いて確認が必要です。言葉での表現が難しい場合は、子どもの身近な存在である保護者や教師が、本人の立場で考えてみる必要があります。「夢や希望」は将来のことだけではありません。今の生活をどのように豊かにしたいかという思いについても確認が必要です。
　「夢や希望」を一緒に考えるときに注意したいことは、障害の状況によって周りの大人が勝手に限度をつくっていないかということです。本人不在の「夢や希望」になっていないでしょうか。再度確認が必要です。

　　大人に限定された夢や希望？　　⇒　　**本人の夢や希望**
　　本人不在の夢や希望？

見直し2：「今」できていることは何でしょうか

　キャリア教育では、「将来」だけではなく「今」の生活も大切にします。次の見直しは、子どもたちの「今」の姿の見直しです。「今」の子どもたちの持っている力（できていること、できそうなこと、得意なことなど）の確認です。子どもの今持っている力をポジティブにとらえられているのか。とらえられていないようなら、「過去」を振り返り、これまで積み重ねてきた経験の中からできるようになったことを見つけることが必要です。障害の重い子どもたちも、たくさんの力を持っているはずです。

> 子どもの「今」できていることが把握できていますか？

　ここでは、ICFの視点も活用して「今」の姿をとらえられると、より効果的だと考えます。ICF関連図や生活マップなどを活用して、本人と環境との関わりについてとらえると、今参加、活動している状況から「できる」状況にするにはどんな支援が必要なのか、どのような環境設定が必要なのかについても見直すことができます。

> 子どもを取り巻く環境に目が向けられていますか？

> 子どもが「できる状況」に環境が整備されていますか？

見直し3：「今」の教育活動は「なぜ」「何のために」行っているのでしょうか

　菊地一文氏（2013）によると、「キャリア教育は子どもたちに『生きる力』を『身につけさせる』のではなく、子どもたち自身がどうありたいか、どうなりたいかについて考え、学ぶことの意味づけができるように支援する教育です」と紹介されています。

　三つ目の見直しは、「今」の教育活動や「将来」に向けた教育活動の見直しです。「本人の願い」に寄り添って、<u>「何を」</u>指導、支援するのかということと、それを<u>「なぜ」「何のために」</u>するのかということが、言語化された教育活動として表記されているかということです。

　端的には、一つ一つの教育活動に「意味付け」「価値付け」「方向付け」をするということです。その積み重ねこそがキャリア教育であり、その実践を言語化するために便利なツールが、「個別の教育支援計画」などの教育計画なのです。

> 個別の教育支援計画＝教育活動に「意味付け」
> 「価値付け」「方向付け」することを言語化するツール

（2）キャリア教育に関する「ツール」を活用し見直しをしましょう！

　キャリア教育の視点を活用して教育計画を作成したり、見直しをしたりするときに

次のような資料をツールにすると便利です。
　①「キャリアプランニング・マトリックス（試案）」（国立特別支援教育総合研究所）
　②「キャリアノート」（愛知県教育委員会）
　③各校で作成している「キャリア教育全体計画」や「キャリア教育パンフレット」
　④「PATH（Planning Alternative Tomorrows with Hope）」

　キャリア教育は、「見直すこと」と言われることが多いですが、「つなぐこと」ともよく言われます。これらの資料をツールにして教育活動を見直すことで、「小、中、高の各部間の学習、学年間の学習」「学校生活と地域生活」などをつないでとらえることができ、「系統性や一貫性」が図られているかを確認することができます。子どもの姿を、「過去（これまでの経験）」「今」「未来（将来の生活）」といった時間的なつながり（流れ）の中や、子どもの周りの「人（家族・友人など）」「もの」「場所」など空間的なつながり（広がり）の中でとらえることができ、幅広く、客観的に子どもの姿をとらえることにもつながります。

　しかし、これらの資料はあくまでツールであって、これさえやっておけばキャリア教育だというものではないので注意が必要です。

（3）「PATH」を活用しよう！

　キャリア教育の視点を教育計画等に反映するための便利なツールとして、PATH（Planning Alternative Tomorrows with Hope）という手法があります。PATHとは、「希望に満ちたもう一つの未来の計画」の略で、1991年にカナダのフォレスト（Forest, M）氏らによって開発された、インクルージョン教育を推進するための具体的な手立てを示したものです（Falvey, M.A., Forest, M.Pearpoint, J., & Rosenberg, R.L., 2003）。関係者との連携協力、関係を推進するための一つの手法として、個別の教育支援計画や個別の指導計画を立てる際、見直しの際に話し合いを持つときなどに活用できます。

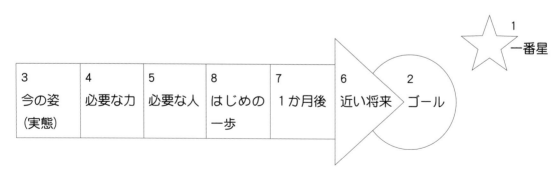

図２．PATHの概要図

　「PATH」の作成における各ステップを個別の教育支援計画や個別の指導計画の項目に照らし合わせると、以下のような共通点が見いだせます。現在作成している計画を、以下の視点で「PATH」に照らし合わせてみて、「今」の姿が未来に向けてつながりが

あるものかどうかを確認することができます。

ステップ１：幸せの一番星（願い）を決める 　　　　　⇒ 個別の教育支援計画等の「将来の願い」など ステップ２：ゴールを設定する（およそ３年後の姿） 　　　　　⇒ 個別の教育支援計画等の「長期目標」 ステップ３：今、現在の様子や姿（対象児童、生徒の実態） 　　　　　⇒ 個別の教育支援計画等の「プロフィール表」「実態表」など ステップ４：必要な力 　　　　　⇒ 個別の指導計画の「各教科等の目標」など ステップ５：誰を必要とするのか（必要な人） 　　　　　⇒ 個別の教育支援計画の「生活マップ」など ステップ６：近い将来の姿（半年後又は１年後の姿） 　　　　　⇒ 個別の指導計画の「重点目標」など ステップ７：１か月後に指導者等がすべきこと 　　　　　⇒ 個別の指導計画の「各教科等の目標」など ステップ８：はじめの一歩（まずはじめにすること）

（４）PATHやICFの視点を活用した個別の教育支援計画の作成

　愛知県立岡崎特別支援学校では、「PATH」やICFの視点を活用した個別の教育支援計画の書式を作成し、平成25年度から使用しています。実際の書式は32ページのとおりです。

　この個別の教育支援計画では、本人主体の計画づくりができることを最優先しています。その象徴として、子どもの「一番星（夢と希望）」を中心に置いた書式となっています。書式に星の形の印を付けて一番星を強調し、本人や教員などが「本人の願い」をより意識できるようにしてあります。また、PATHの手法を活用することで、現在の生活と将来の生活とのつながりを意識しやすくするとともに、教育計画立案の手順をそのまま書式に反映できるようになっています。また、「個別の指導計画」及び「通知表」ともリンクした書式にすることで、作業量の削減を図るとともにつながりのある教育計画を作成し、活用できるようにしました。

【引用・参考資料】
菊地一文『実践キャリア教育の教科書　特別支援教育をキャリア発達の視点で捉え直す』学研教育出版、2013
菊地一文『特別支援教育充実のためのキャリア教育ケースブック―事例から学ぶキャリア教育の考え方』ジアース教育新社、2012
国立特別支援教育総合研究所『特別支援教育充実のためのキャリア教育ガイドブック―キャリア教育の視点による教育課程及び授業の改善、個別の教育支援計画に基づく支援の充実のために』ジアース教育新社、2011
渡邉昭宏『特別支援学校＆学級で学ぶ！　3 教科の授業 de ライフキャリア教育―「何を」「なぜ」その教科、学部で学ぶのか―』明治図書、2014

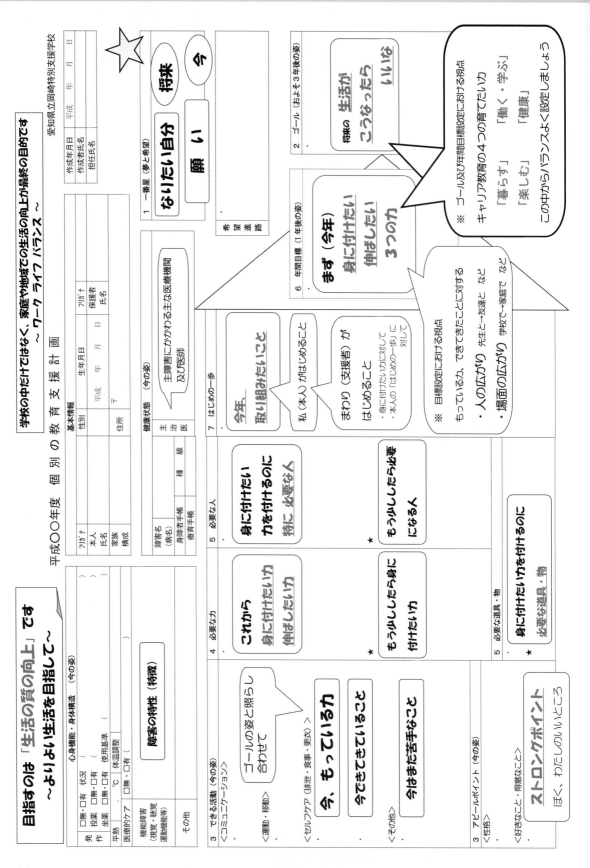

3 家庭におけるキャリア教育の推進

愛知県立名古屋特別支援学校　酒井 哲哉

　キャリア教育は、学校の教育活動のみで行うものではなく、家庭や地域の協力が不可欠です。そのような考えのもと名古屋特別支援学校では、キャリア教育について理解啓発を図るとともに、家庭で取り組んでいただくことをまとめた保護者向けのリーフレット「子どもたちの今と未来の豊かな生活を実現するために」（35～36ページ）を作成しました。本リーフレットでは、本校のキャリア教育の視点を以下のように説明し、各学部段階で保護者が取り組みやすい活動をそれぞれ例示しました。

- かかわる（伝える・思いやり・協力）：自分の気持ちを伝えたり、まわりの人と協力したりして、よりよく関わろうとする力です。
- くらす（からだ・気持ち・生きがい）：自分の体についての理解を深め、自分を大切にし、生活を充実させようとする力です。
- とりくむ（主体性・遂行力・見通し）：自分のすべき課題の解決に向けてよりよい方法を考え、最後までやり遂げる力です。
- はたらく（選択・役割・将来設計）：社会での自分の役割を理解し、自己実現に向けて将来設計する力です。

　例えば「伝える」という視点では、子どもたちの「自分の気持ちを伝えることができる力」を育てることを目標に、学校ではその子に合った教材等を使って「伝えたい！」という気持ちをうまく引き出すような指導・支援を行いますが、家庭で、毎日子どもとコミュニケーションをとり、お互いに気持ちを伝え合うことで、子どもたちは身に付けた力を活用、発揮することができます。また、「遂行力」では、「難しいことを最後までやろうとする力」を育てるため、学校で係などをやり遂げることを経験するとともに、家庭で本人に合った役割を任せて取り組むこともできるでしょう。そして、就学段階から地域のスポーツや社会活動に参加することは、余暇活動を通じて社会に参加することなど「生きがい」の形成につながります。

　家庭でのキャリア教育の大切さを保護者に意識してもらうために、本リーフレットはＡ４判のプリント形式ではなく、Ａ３判の厚紙を三つ折りにした変則的な形状にして手に取りやすくしました。また、極力文字を減らしカラフルな色合いで印刷することで、保護者の目を引かせ、しっかり読んでもらえるような工夫も施しました。

　本リーフレットの配布後、一部の保護者から「いつも車で移動するが電車に乗ってみた」「地域の事業所のお祭りに行った」などの声が聞かれました。少しずつではありますが、家庭でのキャリア教育の浸透につながっているように思います。

Ⅲ
実 践 編

Ⅲ 実践編

教科学習に取り組む際の環境設定の工夫
～「とりくむ」「かかわる」力を育むために～

愛知県立名古屋特別支援学校　小学部

1　実践の概要

　教育課程A（小学校の教科や領域に加えて自立活動の学習を行う教育課程）で学習する小学部１、２年生の児童及び６年生児童を対象に「とりくむ」「かかわる」力を育むことをねらいとした実践を紹介する。

2　実践事例

2-1　1、2年生の実践　～「とりくむ」「かかわる」力の向上を目指して～
（1）目標設定の理由

　本実践は、小学部１年生１名と２年生１名の２名で構成されているスタディでの実践である。

　１年生は初めての学校生活に慣れて、きまりを守り生活することや自分のやるべきことを行うこと、２年生は学校生活全般で見通しをもった行動の定着を図ることなど、「とりくむ」力の向上を課題としている。

　しかし一部の授業を除き、本校では単学年で学習を進めることが多いため、結果的に個別指導となり、児童自身が自分のペースで行動したり教師もそれを容認したりする場面が多かった。しかし、キャリア教育の視点から子どもたちの今後のことを考えると、場面に応じて時間を守ったり集団で行動したり友達と力を合わせたりする経験を積み重ねていくことは重要である。

　今回の実践は、個別学習の時間だけでなく、友達と一緒に学習できる図画工作の時間も取り上げ、以下の目標を決めて取り組んだ実践である。

> 目標①　授業の始まりと終わりの時間を意識し、行動できる。
> 目標②　友達となかよく協力しながら活動できる。

（2）目標達成のための手立てと様子
ア　算数セットの時計を活用し、視覚的に時間が意識できるようにする
　時間に対する意識の低さや時計の学習に関して不足している学習部分を補うために算

数セットの時計を積極的に活用した。「時」への理解は高かったが、「分」への理解が不足していた児童にとっては、模型の時計と実際の時計の分針を視覚的に比較することができ、開始時刻や終了時刻への見通しがもてるようになった。

　イ　目に付きやすい場所に校時表を掲示する

　45分の授業時間と基本10分の休み時間のため、1校時は60分サイクルではなく、定まった分に開始時刻や終了時刻があるわけではない。校時表を児童の目に付きやすい場所に掲示することで「○時間目は、○時○分から始まる」という意識付けを行うようにした。

　ウ　言葉かけによる意識付けをする

　視覚的な環境を整えるだけでなく、それを意識できるような言葉かけを必要に応じてするようにした。

　エ　「はじめようカード」を作成し目標達成時にはチェックをする

　始業時間に授業を始めることができたかどうかを確認するために「はじめようカード」を作成し、目標が達成できたときには、「ごほうびはんこ」を押すようにした。当初は、どの程度目標が達成できたかを確認するための方策であったが、はんこやシールがたくさん欲しいという児童の欲求も加わり、児童自身の自主的な活動の有効な支援となった。

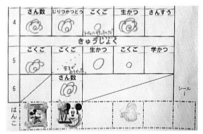

写真1　はじめようカード

　オ　図画工作を中心に関わりを増やす工夫をする

　普段は単学年で学習をすることが多いが、図画工作は1年生と2年生が合同で学習に取り組んでいる。そのため、図画工作は児童同士の関わり合いが設定しやすい教科である。まずは互いの行動を確認しやすいよう机の配置を向かい合わせにした。また、共同作品を制作する内容を設定した。

　図画工作では、1学期は互いに黙々と制作に取り組んでいたが、2学期中頃から友達の作品に興味をもっ

写真2　すごろく作り

たり、道具の貸し借りを行ったりする姿が見られた。また、制作中の会話が増え、休み時間も自分から「遊びたい」と言うようになった。関わりが増えると、1年生は2年生の様子を見て、次の授業の準備をしている姿をまねたり、今すべきことや次にすべきことに気付き行動できるようになったりした。友達への意識も高まっており、今後の「かかわる」力の獲得につながっていくと考える。

（3）実践のまとめ

　1年生は、当初、時間に対する意識が低かったが、教師が示す前に次の授業の開始時間などを教師に尋ねることが増えた。時間に対する意識が高まったと言える。また、そ

の時間を守ろうとする気持ちが育まれた。手立てとして、特に「はじめようカード」は有効であったと感じている。低学年の児童にとって教師の賞賛の言葉や成果が目に見えるカードは必要な要素である。また２年生は授業開始時間を覚え、時計を見て次の教室への移動や準備ができるようになった。授業中も教師が示す「あと５分ね」という時間を意識し、集中して学習に取り組めるようになった。学習に対する集中力は、今

写真３　図画工作での様子

後の自主学習につながっていくと考える。また児童同士が互いを意識し、休み時間に分からないことを上級生に尋ねる場面も見られるようになり、関わりが深まったとも考える。

2-2　6年生の実践　～「かかわる」力の向上を目指して～

（１）目標設定の理由

　本実践は、小学部６年生３名で構成されているスタディでの２年間継続しての実践である。小学部５、６年生は、小学部の高学年として多くの友達と望ましい関わりを築いていってほしい時期である。本実践では現６年生３名の中の１名Ｒを取り上げる。実践場面としては、家庭科の授業を主に取り上げた。

　Ｒは、人見知りをすることなく誰とでも話したり人の気持ちを敏感に感じ取ることができたりする反面、一人でできないことを自ら協力を求めることが少なく、教師から指摘されると涙ぐんだり悔しくて机をたたいたりすることが度々ある。また、友達同士の関わり合いの場面が乏しい。

> 目標①　困ったときに依頼したり、分からないことを分からないと言ったりできる。
> 目標②　折り合いをつけたり、感謝の気持ちを伝えたりできる。

（２）目標達成のための手立てと様子
　ア　座席配置を工夫する

　５年生時には、上級生である６年生と複式で家庭科の授業をしていた。そのため、協力を求める力が身に付いている６年生を参考にできるように、Ｒが６年生に挟まれるよう机を配置した。６年生の児童が難しい部分や分からない部分を自ら教師に尋ねている場面を見ることは良い刺激になったのではないかと思う。またＲが困っていることを隣の６年生が気づき教師に伝えたり、６年生と協力して作業したりするなど、家庭科でしか見られない友達との関わりがあった。友達への依頼や感謝は態度で示すことができたが言葉では難しかった。

イ 「困ったときは先生に言ってね。」と授業の始めに児童全員に確認するとともに
　Rの困り感に気づいても、言葉を待ち見守るようにする

　家庭科のナップサック作りを進めるにあたって、一人だけで進めるには難しい部分があった。そのようなときに、Rからの依頼があるまで待つことにし、分からないことは自ら質問しないと進まない状況を意識してつくった。Rは作ったナップサックを修学旅行に持って行きたいという気持ちが強かったので、教師が待っている時間に、自分がすべき行動を感じとり、教師に対して「お願いします」「ありがとうございました」と言うことができる場面が増えた。

写真4　ナップサック作り

　また教師や友達からの指摘に対し、「分かっているから、言わないで」と反抗的な態度を取ってしまうことがあったが、そのようなことも少なくなってきた。今後は、このような言動が定着することを期待したい。

ウ　修学旅行やふれあい発見推進事業での校外学習を体験する

　校外での活動を経験することは、良い意味で緊張感をもつことができる。事前指導では、Rの気持ちを大切にしながら、将来の目標に向かってどのように発言し行動したら良いのかを考えられるような機会を意識的につくった。修学旅行では、「お願いします」「すみません」「ありがとうございます」などの言葉を使い分け、買い物をしたり見学したりできた。ふれあい発見推進事業として、自動車販売店に出向き店舗の方に話をお聞きする機会を得たときには、Rは「僕たちが

写真5　自動車販売店での様子

運転できる車は開発されますか」などの質問をして話を伺った。Rは、話を聞いた後「今日は来て良かったです。僕たちの未来は明るいと思いました」という感想を伝えることができた。

　社会経験が乏しくなりがちな児童には、校外の活動を充分に生かし「地域社会の人とも上手にやりとりができる」という自信がもてるような経験を積むことが必要だと思った。

（3）実践のまとめ

　Rは、さまざまな面で自信がある児童であり、教師や保護者から指摘されることを嫌ったり、協力を求めることが苦手だったりしたが、教師に指摘される前に次の学習の準備を自ら整えたり、あるいは教師に協力を求めて整えたりできるようになってきた。R自身の

写真6　修学旅行の様子

気持ちを大切にしながら、今どのような言動をすべきなのかを、さりげない言葉で確認したことも有効であったと思う。

3 おわりに

　本実践は、2年間にわたり事例の児童を変更せずに行ったことによって、さまざまな角度からアプローチでき、それぞれの子どもの指導内容や環境設定について深めることができた。低学年では家族や学校など身近な人との関わりが主であるが、年齢を重ねるにつれ集団生活や地域社会と関わりが増えてくる。自分の夢や希望を育み、将来社会に出ていくために、教育課程Ａの児童の中でも発達段階はさまざまであるが、各発達段階における課題を確実に達成する力を身に付け、次の段階へと上がる必要がある。

　キャリア教育は高等部までの12年間で系統的な指導を行う必要がある。それぞれの発達段階で、身に付けてほしい力を整理し、それらが次の段階ではどのような力につながっていくのかを考えながら進めていくことが課題である。

（名古屋特別支援学校　教諭　植木　昭晴）

〜コメント〜

　「人と関わる力を育てる」という小学部の重点目標を設定し、常にこの目標を意識しながら指導に当たるようになって今年で4年目になります。子供たちの自発的な活動を促し、私たちも子どもたちからの表出を受け止める力を向上させることを目指しています。全校研究では、小学部の教育課程ごとに培いたい力について検討し、事例の研究をしました。肢体不自由特別支援学校の小学部にとって「キャリア教育」は、身近な問題として捉えにくいものでしたが、部の目標として設定したり研究テーマとして取り組んだりして、キャリア教育という視点をもつことで、子どもたちの将来に向けて培いたい力というものを具体的にイメージしやすく、焦点化した指導ができることが実感できました。中学部、高等部、さらに卒業後の生活の基盤となる小学部の段階で、一人一人の将来を見据えた目標を設定し、課題に取り組んでいくことが必要だと思います。

（名古屋特別支援学校　小学部主事　岩佐　竜次）

1 教科学習に取り組む際の環境設定の工夫

Q 肢体不自由特別支援学校の教育課程は、どのようなものですか？

A 教育課程とは、各学校で教育目標を達成するために、教育内容を授業時数との関連において総合的に組織した学校の教育計画であり、その編成については、「学校教育法」等の法令と「特別支援学校小学部中学部高等部学習指導要領」等を基準として、特別支援学校に在籍する子どもの「障害の状態及び発達段階や特性」と「地域や学校の実態」等を考慮して設定されます。肢体不自由特別支援学校で学ぶ子どもたちの障害は多様化しており、肢体のみに障害がある場合や、知的障害等の重複障害がある場合、さらにその障害の状態により特に必要がある場合は、自立活動を主とするなどそれぞれの場合に応じて教育課程の類型が複数設定されています。

1　小・中・高等学校の各教科を中心とした教育課程［A］
　・各教科、道徳、外国語活動、特別活動、自立活動、総合的な学習の時間。
2　小・中・高等学校の下学年の各教科を中心とした教育課程［A］
　・各教科（下学年・下学部）道徳、特別活動、自立活動、総合的な学習の時間。
3　知的障害特別支援学校の各教科を中心とした教育課程［B］
　・領域・教科別の指導（知的障害特別支援学校各教科・道徳・特別活動・自立活動・総合的な学習の時間）
　・領域・教科を合わせた指導（日常生活の指導、遊びの指導、生活単元学習、作業学習、総合的な学習の指導）
4　自立活動を主として指導する教育課程［C］
　・領域・教科別の指導（知的障害特別支援学校各教科・道徳・特別活動の一部、自立活動、総合的な学習の時間）
　・領域・教科を合わせた指導

＊愛知県の肢体不自由特別支援学校では、児童生徒の実態に応じて上記の1に該当するグループを教育課程A、2・3に該当するグループを教育課程B、4に該当するグループを教育課程Cとしている場合が多くあります。しかし、前述のように児童生徒の実態は様々であり、教育目標の達成に向けて学習集団の編成や指導等が各学校で工夫されていることから、実践編の各校の教育課程の説明について、学校間で表記が異なる部分があります。

関わる力・伝える力を育てる

Ⅲ　実践編

② キャリア教育の視点からの授業改善
～「自立活動（あさのかい）」の活動を通して～

瀬戸市立瀬戸特別支援学校　小学部

1　実践の概要

　本実践では、教育課程Ｃ（教科等に替えて、自立活動を主とした教育課程）における、「自立活動（あさのかい）」の授業を取り上げた。キャリア教育の育成につながる授業を目指し、個の目標や学習活動に対する評価を検討しながら、授業改善を行った。

2　実践事例

2-1　実践に取り組むに当たって

　小学部では、愛知県教育委員会の『キャリア教育ノート』の「目標並べ」を参考に、「自立活動（あさのかい）」の授業で取り組むべきキャリア教育の視点についての話し合いや実態把握、指導内容、指導方法についての検討を行った。最初に、現在「自立活動（あさのかい）」で取り組んでいる活動をキャリア教育の視点で見直し、対象

図1　キャリア教育ノート

児（集団）の現在の実態（段階）や今年度の課題を『キャリア教育ノート』と照らし合わせチェックを行った。それを踏まえ、今後の授業内容のねらいや手立てを見直し、改善を行っていった。

2-2　各グループでの活動の主な取組と成果

（1）1年生の「自立活動（あさのかい）」の取組
　　ア　対象児童の実態

　本児は、小学部1年生の児童である。簡単な言葉は理解している。大人との関わりを好み、声をかけられると「あっあっ」、「うっ」、「げげ」などのなん語のような発声や手差し、笑顔で手を上げるといった表現が見られる。しかし、自分から要求を表現することは少なく、どの問いかけにも同じような応答をすることが多い。そのため、本児の意図や要求がくみ取りにくく、周りの人に自分の意図や要求が伝わりにくい。

イ　実践

○：ほぼ達成できている　△：できつつある

キャリア教育ノートを使った評価	○会釈（笑顔・表情）ができる。 ○人や物に関心をもつ。 △挨拶や返事ができる。
目標設定	・自分の気持ちを相手に伝えることができる。
指導の手立て	・教師が、児童の出した声や動作をできるだけ言葉にする。児童の気持ちを言語化していくことで、表現する意欲を高められるようにする。
対象児童の変化	・児童の発声を言語化する教師が、声を出したときの視線や動きを注意して観察することで、児童がその場面で見ているものや伝えたいことが少しずつ分かるようになってきた。 写真1　児童の発声を教師が言語化する様子 ・4月当初は、うなずきながらの「うん」（肯定）の反応しか見られなかったが、実践が進むにつれて、力んだ様子の「うっ」（否定）の反応も見られるようになった。本児が出す声は、抑揚や大きさなどが少しずつ変化してきており、何らかの思いや意思を伝えようとする場面が見られるようになっている。 写真2　意思を伝えようとする様子

関わる力・伝える力を育てる

(2)　2年生の「自立活動（あさのかい）」の取組

　ア　対象児童の実態

　本児は、小学部2年生の児童である。機嫌が良いときは、声を出して笑うこともあるが、不機嫌なときは、大声で泣いたり、自分の胸や太ももをたたいたりすることで怒りを表現する。泣くことや声を出すことで要求を教師へ伝えようとするが、周りの人には伝わらないことが多い。視覚には見えにくさがあり、どのくらい見えているのか不明であり、自ら友達に関わっていこうとする姿はまだ見られない。

イ　実践

○：ほぼ達成できている　△：できつつある

キャリア教育ノートを使った評価	○集団の場で落ち着いて行動できる。 △挨拶や返事ができる。 ○周囲の人を意識して関わることができる。
目標設定	・挨拶や返事ができる。
指導の手立て	・周りに意識を向けやすくするために、姿勢を整えるようにした。児童用の椅子に座り、脇下にU字型のクッションを入れて、体幹を安定させた。足が地面に着くように足置き台を使用した。 ・挨拶では、名前を呼ぶ前に児童と目線を合わせるようにした。「今から挨拶をするよ」と言葉かけをし、「今から名前が呼ばれる」と児童の意識が向けられてから呼ぶようにした。
対象児童の変化	・当初は、椅子に座ると大きな声を出したり泣いたりすることが多かった。そこで、座る時間を5分から徐々に長くしていくことで、落ち着いて授業に参加できる時間が長くなった。また、安定して座れるようになると首周りを動かしやすくなり、以前より目を開き、周りを気にする様子が見られるようになってきた。 ・名前を呼ぶ前に児童と目線を合わせることで、名前を呼ばれると目をしっかりと開き、教師の顔を注視する様子が見られるようになった。

写真3　今までの姿勢　　写真4　安定した姿勢

（3）3年生の「自立活動（あさのかい）」の取組
ア　対象集団の実態

本学習集団は6名で構成されている。話すことで意思の伝達をすることは難しいが、自分なりの方法で気持ちを伝えようとする児童がいる。行動は受身であり、自分から行動することは少ない。人との関わりでは、教師など大人との関わりを楽しむ児童が多く見られるが、友達への関心は低い児童が多い。

イ　実践

○：ほぼ達成できている　△：できつつある

キャリア教育ノートを使った評価	△周囲の人を意識して関わることができる。
目標設定	・友達を意識して関わることができる。
指導の手立て	・課題に取り組んでいる友達を見るように言葉をかける。 ・当番が、シールを貼る台紙を直接友達に配る。
対象集団の変化	・友達に対する意識が高い児童は、言葉かけによって友達を見たり、声を出したりするようになった。 ・初めは何をしているのか分からず戸惑う児童もいたが、徐々に友達に渡したり、台紙を受け取ったりする姿が見られるようになった。また、多くの児童が、友達が課題を行っている様子を見たり、応援するように声を出したりするなど友達に対する意識が高まってきた。

写真5　友達に台紙を渡す様子

(4) 4・5・6年生の「自立活動（あさのかい）」の取組

　ア　対象集団の実態

　本学習集団は8名で構成されている。個性豊かな児童の集まりであり、それぞれのコミュニケーション方法の獲得は見られたが、一方的な意思伝達が多い。また、教師との関係が中心で友達との関わりが少なく、あまり友達を気にすることはなかった。そのため、場面理解の深まりを感じることができず、集団としての意識をもつ児童が少なかった。

Ⅲ　実践編

イ　実践

○：ほぼ達成できている　△：できつつある

キャリア教育ノートを使った評価	○会釈（笑顔・表情）ができる。 ○初めてのことに挑戦できる。 △周囲の人を意識して関わることができる。
目標設定	・周囲の人を意識して関わることができる。 ・人や物に関心をもつ。
指導の手立て	・児童同士が確認し合える座席配置にすることで、周りの様子が見やすくなるようにした。また、車椅子から立位保持具に、バギーから椅子に変えることで、頭部コントロールをしやすい姿勢にした。 写真6　周りが見やすい座席配置 ・カードなどは一度全員に提示し、関心がもてるようにしたり、視覚・映像教材を併用したりして、より分かりやすく提示する。また、児童への賞賛の仕方を、全員の前で動作も交えて行うことで、周囲の友達が賞賛されていることを意識し、友達の活動に注目できるようにする。
対象集団の変化	・児童同士の目線の高さが合うように座席配置を工夫することで、周りの様子が見やすくなり、友達に視線を向けたり、欠席児童の座席位置をキョロキョロと見たりする児童が見られるようになった。また、友達の名前を呼んだり、友達の代わりに返事をしたりして、ともに活動することを楽しむ姿が見られるようになった。 ・課題に対する賞賛を受ける友達の様子を見て、その活動を模倣する児童も見られ、他の児童への関心や学習への意欲が高まった。

3　おわりに

　「自立活動（あさのかい）」は、「キャリア教育ノート」の4つの観点（①「人」と関わり、社会で生きていく力、②自分の「個性」を理解し、伸ばしていく力、③まかされた「役割」を理解し、やりきる力、④夢を形にし、歩んでいく力）の中で『「人」と関わり、社会で生きていく力』に重点が置かれていることが分かった。低学年は、学校生

活の中で身近な教師とのやりとりを通して、信頼関係を築きながら人への興味をさらに深める段階であり、個の関わりに重点を置いていることが分かった。中学年は、教師との関わりから友達との関わりへ変化している段階であり、個から集団への関わりのきっかけ作りに重点を置いている。高学年は、集団を意識した関わりや、やりとりを深める段階であり、友達を見て学ぶことや、ともに活動する楽しさを経験することに重点を置いている。

　実践を進めていく中で、「自立活動（あさのかい）」の授業以外でも、友達に自ら意識して関わる姿が見られるようになり、今後は他の授業でも、個や集団での関わりを意識した授業づくりが必要であると考える。

低学年
信頼関係をきつきながら人への興味をさらに深める段階

中学年
対教師の関わりから対友達の関わりへ変化している段階

高学年
集団を意識した関わりや、やりとりを深める段階

＜参考文献＞
・『キャリア教育ノート「夢」に向かって成長していくための「目標並べ」』愛知県教育委員会

（瀬戸市立瀬戸特別支援学校　教諭　砂塚　智美）

～コメント～

　小学部の実践では、キャリア教育の視点で教育課程Ｃにおける自立活動（あさのかい）における授業改善に取り組みました。日々繰り返される自立活動（あさのかい）の中で、児童が教師や友達との関わりを通して、キャリア教育で目指す力の一つである「人と関わり、社会で生きていく力」を育成することを目指しています。小学部の６年間の中で、それぞれの発達段階に応じた目標を設定し、その達成に向けて授業を進めています。

　本校は、小学校との併設という環境で開校しました。障害のある児童と障害のない児童がともに学ぶ校舎の中では、意図した関わり以外でも、必然的に自然な関わりが生まれます。登校の際、教室移動をする際、休み時間に自由に遊ぶ際、………。その関わりのすべてが両校児童にとって、「人と関わり、社会で生きていく力」の育成、つまり、キャリア教育の一端と言えるでしょう。本校においては、この環境を生かしつつ、小学部段階におけるキャリア教育の充実を図っていきたいと考えています。

（瀬戸市立瀬戸特別支援学校　小学部主事　林　俊男）

III　実践編

Q 朝の会において、子ども同士、あるいは子どもと教師のコミュニケーションを構築する上で工夫している活動内容を紹介してください。

A 朝の会は、一日の始まりの時間であり、子ども同士や子どもと教師がしっかりと関わりをもてる時間です。朝の挨拶、朝の歌、出欠確認・健康観察、日付・天気の確認、時間割の確認など、それぞれの活動で子どもの実態に合わせた工夫ができます。

例えば、朝の挨拶の場面では、言葉で合図をすることが難しい子どもが、VOCA（音声表出コミュニケーション支援機器）を用いる場合があります。VOCAのスイッチを押すことで、当番の子どもが学級での役割を果たすことができます。

また、身体に触れることもコミュニケーションを図る大切な活動です。例えば、出欠の確認の際に、名前を呼んで返事を待つだけでなく、子どもと手をつないだり、肩に触れたりすることで、子どもが教師の存在をしっかりと意識することができます。朝の歌の場面では、歌いながら隣の友達と手をつないだり、肩や背中に触れたりします。体に触れることで、心地よさや楽しい雰囲気を感じることができ、子ども同士が互いを意識できるようになることが期待されます。

朝の会は、毎日繰り返される学習です。こうした活動を少しずつ積み重ねることで、子どもたちのコミュニケーション能力の伸張を図っていくことができます。

3 小学部・生活単元学習での取組

愛知県立一宮特別支援学校　小学部

1 実践の概要

　教育課程B（身体障害や知的な発達の遅れに応じて、日常生活や社会生活に必要な学習を取り入れて指導を行う教育課程。通称『Bスタディ』）の児童（平成25年度26名在籍）は、友達同士で遊ぶことが少なく、対大人との遊びが多い。遊び方も独り遊びになりがちである。自由遊びの場面になると、遊び方や時間の使い方が分からず、遊びの乏しさを感じさせる児童が多くいる。他者と関わりながら遊ぶことができるということは、社会生活を豊かに送る上で重要な要素であると考える。また、キャリア教育を進める上でも他者と関わりながら遊ぶ力を育てることは、将来の人間関係形成能力や情報活用能力の基盤を形成することにつながり、小学部の段階で非常に重要と考える。ここでは、児童一人一人が意欲的に活動しながら、人と関わる力を育てる生活単元学習「お店屋さんごっこ」の取組を報告する。

2 実践事例

2-1 「お店屋さんごっこ」について

　本校では、学年の枠を超えて、同じ教育課程の児童同士が触れ合いながら学べるように、年2回の生活単元学習の中で単元を組んで合同学習を行っており、平成25年度で8年目を迎える。平成23年度からは、「お店屋さんごっこ」と「かるたとり」を行っている。

　合同学習が始まった頃は、児童の遊びの幅を広げることを目的に、遊びの道具や遊び方のアイディアを持ち寄りながらさまざまな遊びを体験していた。しかし、体験するだけではなく児童同士が積極的に関わって遊ぶことができるようになってほしいという願いから、2年前から「お店屋さん」を題材に取り上げることにした。共通の取組をすることで児童同士が仲間意識をもち、店員と客という役を行うことで多くの友達と自然に関わりがもてると考えた。実施に当たって、学年間の交流がもてるように全学年を三つのグループに分けて店を展開し、当日は、店員を交代で行いながら、客としても他の店を体験できるようにした。

2-2　これまでの取組の課題と改善点

課　題
・体育館実施では、広すぎて集中できない。 ・当日だけでは、店を十分に楽しめない。 ・昨年度の様子が分かるもの、目標を立てるときの材料がほしい。

改　善　点
・練習と同じように、教室実施にした。 ・事前説明会や道具の貸し出しをする。 ・個別の実践報告シートを作成する。

2-3　本年度の実践

　これまで、客と何らかの関わりがもてる活動を、それぞれの児童の目標に合わせて設定し取り組んできたが、2-2の課題の他に、「練習どおりにお店屋さんができなかった」という声が多く挙がった。これは客側の教師が、店側の児童の目標や課題を分かっておらず、本来その児童からの働きかけを待つべき場面で先に言葉かけをしてしまったり、客側の児童の活動を優先して進めてしまったりして、練習ではできていた客とのやりとりが十分できなかったからと考える。また、店側の児童が、練習と違う雰囲気の中、限られた時間で多くの客を相手にしなければならず、店の仕事をすることばかりに気をとられ、客を意識した関わりができなくなってしまったことも理由に挙げられる。

　そこで25年度は、①児童を抽出し、客とのやりとりにおいて授業の見直しをすること、②これまでグループ単位で進めてきた目標や手立ての共通理解を、関わる全職員で行うことで問題解決を図り、人と関わる力を育て、より一人一人が意欲的に活動できる授業に取り組んだ。集中して活動に取り組むことが難しい児童Aと恥ずかしいためにすぐ下を向いてしまう児童Bの2名について、PDCAサイクルを活用した授業改善の実践を次のようにまとめた。

3 小学部・生活単元学習での取組

児童A

実態	・楽しい雰囲気を感じて、活動に意欲的に参加することができる。 ・つまんだり、握ったりする力は弱いものの、物を扱うことができる。 ・人当たりがよく笑顔で挨拶したり、積極的に言葉をかけたりすることができる。 ・注意力散漫で、活動の途中で飽きたり、よそ見をしたりすることがある。	
育てたい力	・自分の仕事が分かり、独りで取り組める。 ・客に言葉をかけるとき、相手を意識して伝えることができる。	
目標	仕事の手順を覚え、独りで活動に集中して取り組むことができる。	客に言葉をかけるとき、相手の方を向いて伝えることができる。
店・係	「らく〜な一宮（劇場型）」受付係（挨拶、パスポートのスタンプ押し、誘導）	
手だて	手順表と活動を対応させながら、一つ一つの仕事の内容を覚えるようにする。	机に仕切り板を設置し、集中しやすい環境をつくる。
実践結果	・教師と一緒に手順表と照らし合わせながら、せりふを言ったり、活動したりすることで少しずつやるべき内容を覚えていった。 ・パスポートのスタンプ押しが難しい。棒状のスタンプが持ちにくく、持てたとしても力が弱く独りでスタンプを押すことができないため教師と行ったが、集中もそこで切れてしまっていた。	・仕切り板を設置することで、よそ見をほとんどせず活動することができた。一通りできたときに周りにアピールしたくて、振り返ったり、きょろきょろ見渡したりしていた。 ・よそ見も減り、相手に向かって働きかける時間も長くなっていて、何より楽しんで活動できている。
担当者から見た課題	・スタンプを独りで押すことができないため、そばで支援しなくてはならない。	・手順を忘れたり、できない活動をやり直したりして活動が止まると、どうしても気がそれてしまうので、なるべく流れが途切れないように工夫する必要がある。
全職員でのビデオ検証	補助具を工夫してみては？ 客側から支援してみては？ 客に向かって、できていたね。 せりふは覚えて言えている。	
手だて	・活動できるようになるために、教師がそばにい続けるのではなく、離れたところや客側からも支援してみる。 ・弱い力でもスタンプを押せる補助具を作成し、活動の途中で集中力が途切れないように環境を整え、流れが途切れにくいようにする。	
実践結果ビデオ検証後（当日を含む取組）	・客が入ってくると、元気に挨拶していた。せりふを忘れてしまっても、質問形式で問いかけたり、手順表を照らし合わせたりすることで、おおよそのせりふを言うことができた。 ・スタンプ押しの補助具より、ほとんど独りで取り組めるようになった。流れも途切れることが減り、飽きることなく取り組めていた。	・仕切り板があることで、区切られた環境になっており、さらに他学年の友達が来ることがうれしくて、客に意識を向けて活動できていた。しかし、一度に大勢の客が来ると集中力が途切れてしまうことがあった。
評価	・手順表を照らし合わせながら、繰り返し練習すること、またスタンプ押しの補助具を活用することによって、仕事の手順を覚え、おおよそ独りで活動に取り組めるようになった。 ・仕切り板を設置することで気が散りにくい環境ができた。環境が整ったことで、客への対応に集中でき、相手の方を向いて伝えようとする姿が見られた。	
来年度の課題	・相手の方を向いて伝えることは断続的な課題となる。相手に集中するため仕切り板は有効であるが、様子を見ながら少しずつ仕切り板をなくしていきたい。気を取られずに活動できたときは大いに賞賛し、仕切りがない状態での活動時間を徐々に延ばしていくというスモールステップで達成できると考える。	

関わる力・伝える力を育てる

児童B

実態	・明るい性格。人前での失敗を恐れるところがある。 ・知的理解は高く話題も豊富であるが下を向いて話すことが多い。 ・人に用件を伝えるとき、一方的に話すことが多い。	
育てたい力	・相手に伝わるように話をする。 ・相手の反応に合わせて話を進めることができる。	
目標	前を向いて話す。	相手の動きや表情を待ち、対応したせりふを言うことができる。
店・係	「らく～なー宮（劇場型）」アトラクションの受付係（注意事項の説明や感想等を聞く）	
手だて	せりふを書いた紙を客に後ろで提示し、自然に前を向くことができるようにする。	「はい」「いいえ」で答えられるような質問を作り、それぞれの答えにせりふを決め、繰り返し練習する。
実践結果	・「いらっしゃいませ」「こちらへどうぞ」などのせりふは、離れたところから声をかける場面だったため、とても大きな声で言えていた。 ・せりふの紙を見ることで顔が上がり、「ようこそ、らく～なー宮へ」「いってらっしゃい」などは大きな声で言うことができた。 ・長いせりふは、言うのに時間がかかった。	・客にインタビューするときは、顔をのぞきこむようにして話すよう指導した。言葉かけをすることで取り組めた。 　「シートベルトはしめましたか」「楽しかったですか」の答えに対してせりふを決めたが、自分から言うことは難しく、言葉かけが必要だった。自信がなさそうだった。
担当者から見た課題	・せりふを拾い読みしようとし、読むことに必死になって時間がかかってしまった。 ・せりふを読み間違えることがあり、自信がなくなってしまった。	・相手の反応を見ながら話すことが苦手で、自信なさげに話し、客の表情や反応が乏しくなってしまった。そのため、余計に答えの判断がしづらかったのではないか。
全職員でのビデオ検証	文字を大きくしたら？	宿題にして覚えれば？　　せりふより項目を見せたら？
手だて	・せりふ読みを宿題に出す。 ・客の後ろで見せるせりふを項目にし、大きな字で提示する。	・教師が客の反応を確認し、それに応じたせりふを紙に示す。
実践結果 ビデオ検証後 （当日を含む取組）	・宿題でせりふを覚えてしまうと、また下を向いて話すようになった。児童の興味を持続させるために、提示する物を、せりふを少し書いた物、項目、ジェスチャーのイラストの3種類に工夫した。何が提示されるか予想できなくなり、確認するために毎回顔が上がり、結果、客と顔を合わせて話すことができた。イラストでのヒントがあることで、本人のジェスチャーが増え、楽しそうに仕事をすることができた。	・提示された紙を見ることで、客の反応に合わせてせりふを言うことができるようになったが、一方的に話してしまい、客が聞いていないことが多かった。そこで、いくつかのせりふにジェスチャーを付けたところ、大げさに体を動かせるようになり、客の児童の反応がよくなった。客の反応がよくなることで、児童もより係になりきって楽しめていた。
評価	・ジェスチャーのイラストを取り入れたことで、児童が前を向くことができた。せりふを関連付けて覚えられ、自信がもてた。	・ジェスチャーを交えて話すことで客にせりふが伝わりやすくなった。確実に「はい」「いいえ」の反応があることで、せりふを言うことができた。
来年度の課題	今年度は前を向いて話すことはできたが、教師のヒントが必要であった。来年度は、「話しかけるとき、必ず一度は客（相手）の目を見る」というルールを決め、客（相手）を見た回数を数えるなどすると達成できると考える。よって客（相手）の顔を見て伝えることは継続的な課題となる。	

3　小学部・生活単元学習での取組

3　まとめ

　全職員で撮影した授業の様子を見合うことにより、補助具のよりよいアイディアや、より友達と関わることができる指導方法の提案がなされた。児童Aにおいては以前より活動に集中し客に向かって働きかける時間が長くなった。児童Bにおいては客の反応を確認して話すことができるようになった。また、全職員で店側の児童の目標や課題を共通理解することで、適切な支援をしながら児童同士のやりとりを見守ることができるようになった。店側の児童にとっても、練習どおりに客とやりとりができたことで一人一人の自信になり、楽しんで係の活動に取り組むことができた。練習を重ねていく中で相手の反応に喜びを感じ、やりとりが楽しめるようになった。さらに、自分から新しいジェスチャーを考えたり、お客さんの顔をのぞき込んで表情を確認したりするなど、自発的な活動が生まれた。活動を楽しむことによって児童に余裕が生まれ、友達を意識し自分から関わろうとする姿が引き出されたと考える。

　また、店側の活動ばかりに視点を置きがちであったが、客側の児童が「聞く姿勢」や「待つ姿勢」を身に付けることも、店側の児童が役割をきちんと果たし達成感を得るために必要であることが分かった。これまでの3年間の取組の中で、高学年の児童においては、客や店員としての自覚がもてるようになってきており、客として待つ姿勢が身に付き、店員のときはなりきって楽しむ姿が見られるようになった。このような児童たちの姿から継続的に実践を行う必要性を改めて感じた。

　人と関わる力を育てるためには、一人一人の興味・関心や身体の状況を知った上で、環境や支援を整えることや、関わる教師全員が一人一人の児童の目標を共通理解して授業を展開することが重要であることを再確認できた。

4　今後の課題

　本年度の実践を受け、次年度からは客側の指導についても年間指導計画に内容を組み入れ、より充実した授業計画を立てたい。また、今後もPDCAサイクルを活用しながら、担当職員全員が共通理解をもって指導に当たり、児童の社会参加・自立する力を育てるための授業研究を進めていきたい。さらには、「お店屋さんごっこ」で身に付けた人と関わる力を、他の単元や日常の生活の中でも生かせるように支援していきたい。

　本Bスタディ会は、毎年構成メンバーが大きく入れ替わることもあり、研究の方針が浸透するまでの時間がないまま合同学習が行われているのが実情で、系統的な実践が難しいところがある。そのため、児童への支援やその結果・課題をまとめた個別の実践報告シートの重要度が高まるとともにその活用の仕方が大切になってくると考える。教師がより活用しやすいシートの検証もしていきたい。

（現名古屋特別支援学校　教諭　若松　基生）

~コメント~

　本校小学部では、学習集団が小さく、大人との関わりが中心の生活になりがちであることから、友達同士で遊べない児童が多く見られます。そこで、「人と関わる力」を将来の人間関係形成につながる重要な力であると考え、学年の枠を超えた合同学習を設定して実践を深めてきました。「お店屋さんごっこ」は、児童たちが大好きな活動であり、店員と客という役割が明確で、児童同士が自然に楽しく関われる遊びです。本単元では、個々の目標と手だてを考え、補助具や環境設定を工夫して、児童が独りで取り組める状況をつくることを大切にしてきました。全職員でのビデオ検証は、みんなで実践を振り返りながら個々の手だてを見直すことができ、PDCAサイクルを活用した授業改善において有効な手段でした。また、新しく作成した個別の実践報告シートは、児童一人一人を見つめ、指導・支援を積み上げ、つないでいくツールとして大いに役立ちました。

　キャリア教育の視点から「身に付けたい力」を明らかにし、児童の姿からみんなで継続して授業を見直していくこと、そして児童たちが経験を確かな力にしていけるようにしていくことがとても重要です。

（一宮特別支援学校　校長　堺　和之）

4 生活に生かせる力の育成
～より豊かに暮らす力を育てる大作戦～

愛知県立名古屋特別支援学校　中学部

1　実践の概要

「より豊かに暮らす」とは？

本校中学部では、教育課程Ｂ（教科などを合わせた指導を取り入れ、生活に必要な知識や技能を図るとともに、自立活動の学習を行う教育課程）で学習する生徒を対象に「より豊かに暮らす」ためには、どのような力を身に付けていくべきかをテーマに研究実践を重ねている。生徒が将来、「より豊かに暮らす」ためには、まず、毎日の学校生活をよりよくするための工夫が大切なのではないかと考え、生徒と一緒によりよい学校生活に向けての課題に取り組むことにした。生徒とのやりとりを大切に、よりよく学校生活を送ることができる取組を「○○大作戦」として実践を行った。

2　実践事例

2-1　「気持ち安定大作戦」中学部二年生ａ（女）の取組

対象生徒は身体の緊張が強く、電動車椅子で移動をしている。発達段階が比較的高いこともあり、同年代の友達ができにくく、自分の身体と心のバランスがとりにくい様子が見られる。緊張のため、これまで筆記を行う際は教師が手を支え行ってきた。そのため書く経験が少なく、気持ちを表す方法が話すことのみとなっていた。発語もなめらかでないことから相手に伝わりにくいことが多い。これらのことから気持ちが安定せず、泣くことも多かった。そこで、自分の気持ちを伝えることで気持ちを安定させることができるよう作戦を行った。

作戦１　話すことで気持ちの安定を図ろう
① 話す時間を作り、話したい内容をじっくり聞き、思う存分話せるようにした。
② 依頼をする言葉を以前よりも増やすように言葉をかけた。
③ 自分の身体や身辺についての説明の方法を練習した。
→結果：話すことで気持ちがすっきりし、より話したいという様子が見られた。問題点として、文章力のなさから、伝えたいこともうまく伝わらないことが分かった。そこで文章力の向上に向けた作戦を行うことにした。

Ⅲ　実践編

|作戦2|　文章力の向上を目指し、ラベルライターでツイッターをしよう

① 本人がツイッターをしたい教師を選び、さまざまな思いや気持ちをラベルライターで文章にした（写真1）。
② 発信した内容を教師が読み、その教師は、その発信に対する返事を書くようにした。
→結果：ツイッターを始めたころは、「○○が食べたいな」などの簡単な文章だったが、回数を重ねていくうちに、保護者に言いにくいことや、自分の意見や気持ちまでも文章で表現できるようになった（写真2）。

写真1

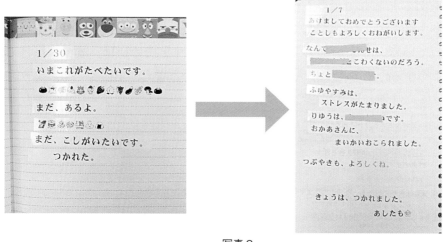

写真2

　ラベルライターでのツイッターを行ったことにより、話す内容もぐっと深くなり、明るい表情が増えた。気持ちを安定させて毎日を過ごすことができるようになった。
　文字入力をラベルライターにしたことは、aにとって生活を大きく変えるものとなった。語彙力の向上、文章力の向上が飛躍したことはもちろんのこと、自由に自分の気持ちを表現できる喜びは、それまで行っていた教師が手を支え一緒に書くスタイルからは得ることができなかったものだと思われる。自分で文字を入力できる喜びが文章力の向上につながり、自分の気持ちを伝える力、気持ちの安定につながっていったと考えられる。

2-2　「女子力UP大作戦」中学部三年生bの取組

　対象生徒は、車椅子での自力移動や字を書いたり簡単な作業を行ったりすることができ、日常的な会話はできる。しかし、状況を考えず自分から一方的に話してしまい、相

手の話を聞いていないことがある。適切な言葉遣いや相手の気持ちが理解できないことから友達とのトラブルも多い。bは進学しないため、卒業後の社会生活を見据えて良好な人間関係を築くために支援する機会は今しかないと考えた。友達や教師に対して素敵な言葉かけや行動が増えるよう作戦を行った。

写真3

作戦　言葉かけで相手を知ろう
① 友達や教師に対する言葉かけでよかったことや間違っていることについて記録した（写真3）。
② 相手の気持ちを理解することが難しいため、言葉かけをしたときに相手がどのような表情をしたかを見て、表情シールを貼った（写真4）。
③ 不適切な言葉かけに対してはどのような言葉かけをすればよかったかを一緒に考え記録する。

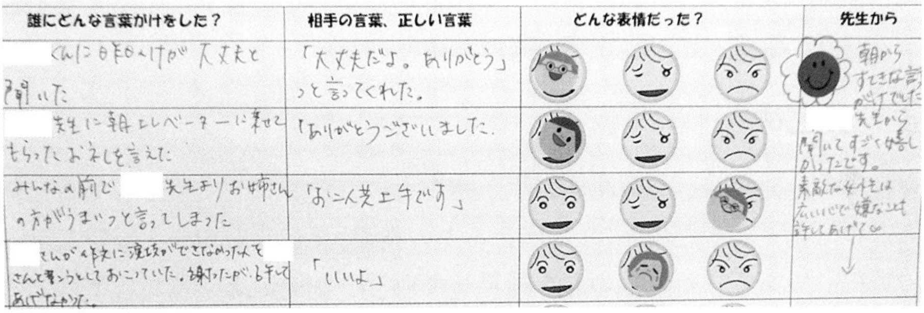

写真4

→結果：この取組により、相手に対して気持ちの良い言葉かけをしようと意識することができてきた。相手の表情を見ることで自分の言葉かけや行動が相手にどう感じたかが分かるようになってきたと思われる。

2-3　「会話力UP大作戦」　中学部一年生cの取組

対象生徒は車椅子、歩行器で移動している。少し自閉的な面も見られるが、友達や教師との関わりを楽しむことができる。日常的な会話は一方的な面が見られ、4月の中学部入学当時は、「○○先生、ネコ」「白いネコ」などの単語、または2語文程度の言葉で会話を行っていたが、自分の思いが伝わらず、イライラする様子が見られた。そこで、cの発する語彙や会話を整理し、会話を増やすことはできないかと考え、会話力向上に向けた作戦を行った。

作戦　会話力を向上しよう
① cとの会話をノートに書き留める（写真5）。
② ノートを車椅子につるし、各教科担当者に協力を依頼して記入してもらった（写真6）。

写真5

写真6

→結果：ノートを見ることで、cの興味関心が分かりやすくなり、会話のパターンが明確になったため、教師は言葉や指示の理解度が明確になり、生徒への指示や質問が通りやすくなった。生徒は「何の音かな？　トラックかな？」など、思ったことをつぶやくことが増えた。また、「○○先生、まっくらだから、電気つけてください」など要求も表現できるようになった。自分の思ったことをつぶやいたり、伝えたりするようになったことで、イライラすることが減り、安定した学校生活が送れるようになった。

3　まとめ

　本教育課程の生徒について「生活に生かせる力の育成」をテーマとして話し合い、実践を進める中で見えてきたことは、「伝える力の獲得」「自分を知り、気持ちを安定させる手段の獲得」である。それらの力を獲得していくことで、より豊かに学校生活を送れることが分かってきた。それが日常生活につながり、生きる力に結びつくのではないだろうか。今後も、個々の生徒の実態を把握し、何が課題になっているかを教師自身が見極め、意欲を育むような実践を進めていきたい。

（名古屋特別支援学校　教諭　渡辺　祐喜子）

～コメント～

　学校は、「学びの場」です。このことは、学校において教育活動を進めるにあたって教師として常に考えていく必要があります。中学部では、「生活力に結びつく学力を育てる」ことを重点目標に、生徒の生きる力を育むことを目指し、創意工夫を生かした特色ある教育活動を展開しています。各教育課程の取組を通して、生徒の学習状況やニーズを的確に把握し、個に応じたきめ細かな指導を充実させ、学ぶことの楽しさや大切さに気づかせることに重点をおいています。教師も日々の授業を振り返り、授業の改善に努めていくことが大切であると考えている。

（名古屋特別支援学校　中学部主事　三澤　彰鎮）

4 生活に生かせる力の育成

Q 卒業後に一般企業に就職をする際に業務遂行、移動、食事、排泄等について支援が必要な場合、企業の職員や環境面などのサポートはどのようになっていますか？　また、就職希望の生徒は在学中にどんな準備が必要になりますか？

A 在学中に実習を行い、就職試験にチャレンジして一般企業に就職する生徒もいます。企業側にとって業務遂行に必要なスキルが身に付いていることはもちろんのことですが、一般企業に就職するには身辺自立や自力通勤ができていることが前提となります。企業の職員による支援は業務遂行が職務であるという理由から、支援が必要な場面でのヘルパーやサポーター的な職員が付くケースはほとんどないようです。

しかし、企業の取組として働きやすい環境作りのために就労場所の動線のコンパクト化や就労スペースの広さ、高さなどの工夫をしていただいたり、採用決定後から入社を迎えるまでの期間に助成金を活用して段差の解消や手すりの設置、扉の軽量化・自動化、トイレの改修などをしてバリアフリー化を促進していただいたりしたケースもあります。

就職希望者は在学中に卒業後の就労を見据えて、学校・家庭・医療機関などと連携を取り、積極的に公共交通機関を利用して自力で通学する練習を行っています。また、校内や校外で行う実習から見えてきた就労に必要な課題を認識し、できることは確実に行い、苦手なことは克服する意識をもつことも大切になります。また、就業内容や時間に対応できる知識や体力を身に付けて自力でできることを増やし、就職という大きな目標に向かってしっかり準備することが大切です。

関わる力・伝える力を育てる

Ⅲ　実践編

周りと関わり健康でよりよく生きるために
～摂食に関する実態引き継ぎ表を通して～

愛知県立小牧特別支援学校　全校研究自立活動班　摂食指導グループ

1　実践の概要

　本校では、「キャリア教育の視点からの授業改善～生活単元学習、自立活動、作業学習の日々の実践を通して～」をテーマに平成25年度から３年間継続して全校研究に取り組んでいる。児童生徒は学校生活の中で人と関わり、豊かな経験を積んでいく。児童生徒の未来へとつながるキャリア教育の土台となるのは健康であること、すなわち摂食指導の果たす役割は大きい。教育課程Ⅳ（自立活動を主体とした教育課程）の児童生徒が重度重複化している現状では、継続的な摂食指導の重要性は高い。校内の教師の中には摂食指導の経験年数や技術に大きな差があり、同一の観点がもてず、指導のねらいや内容の意見交換が不十分で方針が確立されないまま、日々の給食場面での指導が行われている場合もある。そこで、グループ内で考案した実態引き継ぎ表（以下実態表）の作成、検証を行い、以下の三点を目的に研究を進めた。

① 児童生徒が満足感を得ることができ、かつ安全である摂食指導の方法
② 児童生徒の食べる力をスムーズに引き出すための実態表の作成
③ 摂食指導場面で児童生徒と教師の双方に必要な力の考察

2　実践事例

2-1　摂食指導の課題と現状

　日々の給食場面では、児童生徒の不満感を解消できない悩みを多くの教師がもっていることが分かった。そこで、摂食機能の発達に関する基礎知識を学び、研究グループ内で意見交換を行った。適切な助言を摂食時に生

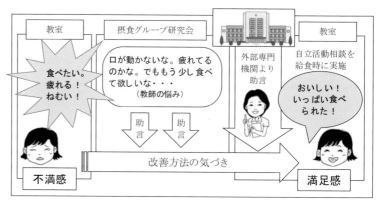

図1　摂食グループの取組

かすことで、児童生徒が満足感を得られたという事例が数例あった。しかし、グループ内で解決策を見いだしにくい事例については、自立活動相談[*1]において外部の専門機関より助言を受けた（図1）。

その後、相談時の記録映像を見ることで、口唇や舌運動、顎動機能などの把握の仕方や支援の方法について共通認識をもった。また、助言を受けて児童生徒の実態に合った適切な支援を行うと、舌や下顎の動きがよくなり、意欲的に食べている場面も見ることができた。正確な実態の捉え方を探るために他校の実態表や摂食機能評価表の段階にチェックを入れる中で、次のような仮説を立てた。

> 児童生徒の実態を把握するためには分かりやすい実態表が必要である。実態表を活用して児童生徒の摂食の実態を適切に捉え、よりよい支援を行うことで、摂食場面における関わりが深められ、健康で周りと関わる力が育つのではないか。

2-2　効果的な実態表の作成

児童生徒に初めて摂食指導をする際に知りたい情報から実態表の項目を考えた。姿勢、教師の支援の方法、一口の量、給食の全体量、食事や水分摂取の様子などは必須情報である。これらの情報を適切に伝えるために写真も加えた。支援のポイント、とろみ剤の濃度、薬の服用方法、個々の配慮事項なども簡潔に記載して下記の実態表を作成した（図2）。

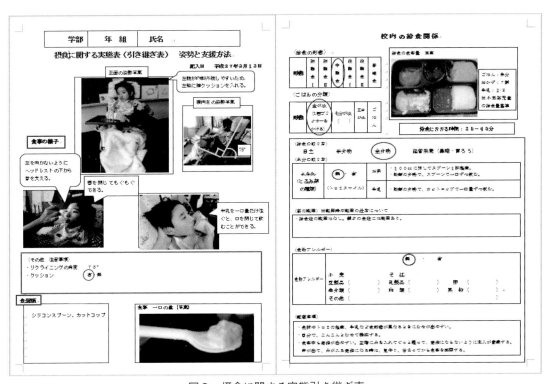

図2　摂食に関する実態引き継ぎ表

2-3　実態表の活用

　作成した実態表（12名）を新しい学年で新しい教師に活用してもらった。そのアンケートをとり（27名）、いくつかの項目について5段階（A：非常に参考になった　B：参考になった　C：少し参考になった　D：あまり参考にならない　E：全く参考にならない）で評価をした。

①　姿勢や教師の支援の方法

　体を保持するクッションの入れ方や支援の仕方は視覚的情報で再現しやすく、児童生徒も落ち着いて食べることができた。「参考になった」という回答が8割を上回り、良かったという結果が得られた（図3）。

②　食べ方の写真や給食の食事量

　全体の食事量がわかる写真だけでなく、全量、7割、半分などの説明が加わった事例は「参考になった」という回答が多く得られた。「参考になった」という回答が6割強でおおむね良いという結果が得られた（図4）。

③　一口の量の写真

　一口の量のスプーンの写真はスプーンの大きさが伝わりにくく、やや分かりにくいという意見があった。「参考になった」という回答が約半数であるが、改善が必要という結果が得られた（図5）。

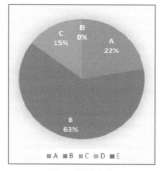
図3　支援方法

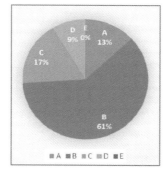
図4　食事量

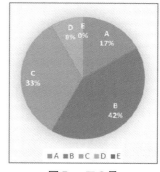
図5　一口の量

　教師に必要な情報が視覚的に伝わり、児童生徒自身の食べる力を引き出す実態表にするために、次の四点の改善策を考えた。

- ・一口の量は、スケールとなるものと一緒にスプーンを横向きにして写す。
- ・支援の様子が分かるように教師も一緒に写す。
- ・食事量については、説明の記述も載せる。
- ・好きなもの、苦手なものなどの情報を記載する。

2-4　指導の実際

　実態表を作成、活用する中で、教師や児童生徒のいろいろな姿が見えてきた。摂食場

面では、次のようなコミュニケーションが成立する。教師による児童生徒の気持ちに沿った言葉かけに対し、児童生徒は口の動きや視線、表情などで気持ちを表す。児童生徒が上手に食べることで、双方の関わる力はさらに高まっていく。また、周囲の教師らが客観的に観察し様子や気づきなどを話し合うことで、児童生徒の摂食指導のポイントが明確になり、教師間の共通理解が進む。摂食指導は、児童生徒に対して複数の教師が意見交換して指導が行われるティームティーチングの指導（T．T指導）であると考える（図6）。

図6　教師間の共通理解

2-5　実態表の活用計画

　教師間の共通理解ができるように実態表の作成日程を考えた（図7）。作成上で迷いや不安があるときには、自立活動部や外部の専門機関に相談して適切な助言が受けられるよう体制を整えた。保護者の願いの確認を年度末に行い、新年度へ引き継ぐことで教師間の方針が明確になり、日々の給食指導に向かうことができる。その結果、児童生徒はどの教師からも満足感のある支援を受けられ、教師の技術も一定のレベルに向上すると考える。

Ⅲ 実践編

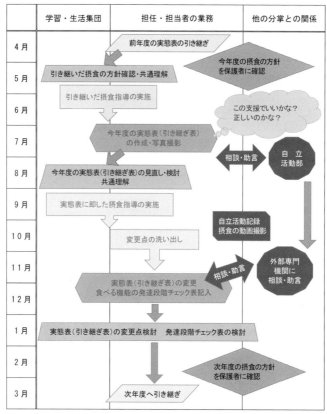

図7 実態表の作成日程

3 まとめ及び今後の課題

　摂食場面は、児童生徒自身の関わる力を高め、教師への信用や信頼を構築する場である。摂食場面で育まれた児童生徒の関わる力や教師への安心感を土台に、次への課題に取り組もうという意欲は育つ。排せつや授業場面などで児童生徒の新たな行動につながるであろう（図8）。

5 周りと関わり健康でよりよく生きるために

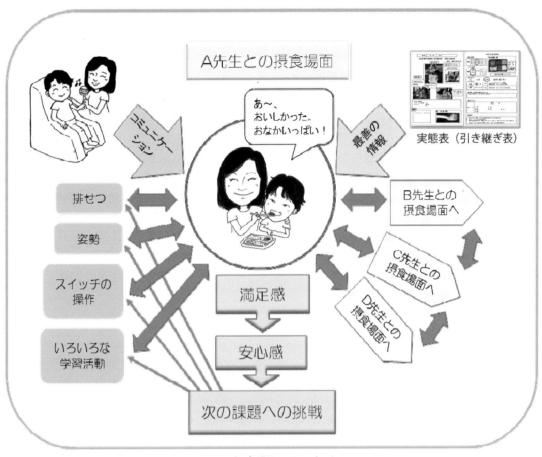

図8 摂食場面からの広がり

　今回作成した実態表の活用は、教育課程Ⅳの児童生徒を対象とした事例が多かった。しかし、教育課程Ⅳ以外の児童生徒にとっても必要ではないか。自分の食事姿勢、食べにくさ、支援してもらいたい内容や自分の思いなどの項目を児童生徒自身でまとめられる様式も必要であろう。児童生徒自身が作成することで自分自身を見つめ、実際の摂食場面で周囲の人と関わり、支援を発信する力を高めることになると考える。年々成長に伴い変更作成した摂食に関する情報が、卒業にあたってのサポートブック*2の内容へと移行していけるだろう。今後は次の点を意識して改善に取り組んでいきたい。

・児童生徒自身が給食時に必要な支援をまとめるための実態表の様式作成
・サポートブックとの連携
・食べる機能の発達段階表の作成

　児童生徒はいずれ社会に出て行く。児童生徒が自分の障害を見つめ、何ができてどんな支援が必要なのかを見分ける力を付けてほしい。もしくは、児童生徒の気持ちを正しく代弁できる支援をしたい。介助される人ではなく支援を望む人として、食生活を豊か

Ⅲ　実践編

にする主体者として生きてほしいという願いで今後も指導を続けていきたい。

* 1　自立活動部が平成23年度から計画実施している相談会。専門性を有する大学関係者に来校してもらい自立活動場面や摂食場面で助言を受けるもの。
* 2　本校では高等部で保護者が中心となり作成している。産業現場等における実習の場面で活用した後、個別の移行支援計画とともに卒業先の機関へ渡し、日常の生活場面で活用してもらう。本人と関わりのある関係機関のネットワークと必要な支援の手立て（姿勢、移動手段、食事、排せつ、配慮事項等）が一目で分かるように写真等を活用して記されている。

（小牧特別支援学校　教諭　浅野　美好）

～コメント～

「摂食指導」は肢体不自由教育に関わる教師として必要不可欠であり、どの現場でも関心の高い事柄です。子どもたちにとって「食べる」は「いのち」をつなぐだけではありません。「食べる」ことは、将来にわたり人としての豊かさを育んでいきます。そして、障害の程度に関係なくすべての子どもたちに関わってきます。

本研究は学校現場での「食べる」活動を効果的・継続的に支える取組です。使いこなせる「実態表」を作ることや、組織的で継続的な「実態表」の活用の実践を続けることで、日々の子どもたちの育ちを促します。また、卒業後の活用のために作られるサポートブックとの連動も視野に入れ、一人一人の「食べる」を通しての将来を見据えます。

家庭での食育をどう支えるか。担当する子どもの摂食をどうするか。指導の成果をどう引き継ぐか。学校現場としての取組をどう組織化するか。目の前の子どもたちの将来をどう見据えるか。さまざまな課題に対し手がかりが見つかる実践です。

（小牧特別支援学校　教頭　鵜野　裕志）

5 周りと関わり健康でよりよく生きるために

Q 摂食指導において、子どもの実態を適切に把握するためにはどうすればよいですか？

A 基礎的な摂食指導の知識や技術として、食べる機能のメカニズムを理解したり、適切な食事姿勢や支援の方法について学んだり、食べる機能に配慮した食事の形態を把握したりすることが必要です。

　本校の研究グループでは、まず摂食段階表を用いて食べる機能の発達段階を把握しました。摂食に課題のある子どもの舌や口唇の動かし方を再確認したり、効果的な支援の方法をビデオ視聴したりすることで、基礎的な摂食指導の知識や技術を身に付けられるよう取り組んできました。また、互いに担当する子どもの様子を話し合うことは有意義でした。子どもの実態をより適切に把握していくためには、複数の教師で子どもの食事場面を捉え、摂食指導の内容や課題を共通認識していくことが大切です。

　摂食指導は、「コミュニケーションの場」でもあると捉え、子どもの表情や身体の動きを感じ取り、子どもの思いを受け止めながら摂食指導を進めていくことで、子どもたちの食べる力はより育まれていきます。安心して、安全に食べることのできる環境が整えば、子どもたちは摂食の機能を高め、将来的に誰とでも同じように食べられる力を身に付け、よりよく生きることへとつながっていくと思います。

生きる力を育てる

Ⅲ 実践編

 6 キャリア教育の視点に基づいた「日常生活の指導」の授業改善
～障害の程度の重い児童生徒の教育課程における給食前活動の指導実践を通して～

愛知県立ひいらぎ特別支援学校　小学部

1　実践の概要

　小学部の教育課程Ｃ（障害の程度の重い児童生徒の教育課程）の内容を学ぶ児童の生きる力について考えたとき、「食べること」は欠かせない要素である。食べる力を向上させることは、必要な栄養をとるということだけでなく、人との関わり、コミュニケーションの広がり、情緒の安定など、「よりよく生きる」ために必要な重要な事柄が含まれていると考える。私たちは、食べる力を育てることこそ、重度・重複障害のある児童にとっての食育であると考え、学校生活の中の食育の場として給食の時間とそこにつながる第４校時の授業に着目した。この実践では、第４学年の２名の児童を対象に、平成25年度と26年度の授業実践による児童の変容を比較、分析し、授業の改善に取り組んだ。

2　実践事例

2-1　研究のねらい

　本校小学部の障害の程度の重い児童生徒の教育課程では、毎日第４校時に日常生活の指導の時間を設け、給食前の準備の学習を行っている。授業内容は、①ゆったりとリラックスした姿勢をとる。②口周りや体の体操を行う。③給食の献立、または食材に興味や関心がもてるような学習を行う。このような内容を中心に学習しているが、本当にこれらの内容が、適切な授業であるのか検証したいと考え、食べる力につながる食育の授業の在り方について研究を進めた。

2-2　研究の方法

　まず、全学年の第４校時の授業内容と、どのようなねらいで授業が行われているかを調査した。その中で、平成24年度に「キャリア教育の視点に立った授業の在り方」というテーマで校内研究を行ったときに、第４校時の授業改善に取り組んだ現第４学年に着目し、２年間の授業実践を比較、分析することで、授業の改善を図ることとした。「キャリア教育授業シート」（独立法人国立特別支援教育総合研究所編著『特別支援教育充実

のための キャリア教育ガイドブック』より）を活用して授業内容を比較、評価しながら、改善を進めていった。

2-3　4年生の取組

（1）児童の実態

　小学部4年生の自立活動を主とした教育課程の内容を学習する児童は、3学級9名で構成されており、第4校時の日常生活の指導は3学級合同で授業を行っている。本研究では、その中のA、B2名の児童に焦点を当てて実践報告を行う。A、Bは共に欠席が少なく継続して学習に取り組んでいる。2名とも、簡単な身振りで教師とやりとりしたり、手を伸ばしたり声を出したりして相手と関わったりすることができる。

【食に関する実態】

　Aは後期食（一口大の大きさで、箸で切れる程度の硬さ）を食べている。食べることそのものへの抵抗感が強く、給食では、特定の食べ物（パン、豆腐、じゃがいもなど）に対してだけ口を開け、それ以外は食べようとせず、教師の援助を手で払おうとすることが多かった。

　Bは普通食を食べている。偏食やこだわりがあり、担任以外の教師には、ときには大きな声を出して拒むなど、安心して一緒に食べることのできる者が限られている状態であった。

（2）三年次の実践

　ア　実践のねらい

> 給食前の時間に人とのやりとりを豊かにして、穏やかな食事の時間につなげる。

　イ　実践の経過

　体をほぐす簡単な体操、絵本の読み聞かせ、写真カードを使った給食の献立に関する学習を取り入れた。食べ物に興味をもつことをねらいに、読み聞かせでは、身近な食べ物がテーマになっている絵本を選択し、写真カードを使った学習では、その日の給食に使われている食材から対象を選び、そのカードを見たり、選択したりする学習を行った。

　Aは、気持ちが高ぶると、体の緊張状態が続き、肘を曲げ、背中を丸め、胸を閉じた状態になってしまった。こうした体の状態が食べることへの意欲の低下に結びついていると考え、給食前の活動では大きな動きの活動を控え、楽な姿勢で学習することに重点を置いて取り組んできた。リラックスして教師の話を聞くという受け身の授業では、周囲の人や食に関する興味や関心の広がりにはつながらず、結果として食べることの改善には至らなかった。

　Bは、絵本の読み聞かせや話の内容そのものには興味があるが、教師や友達との関わりにはあまり関心をもつことができなかった。また、絵本への興味も食材への興味につ

Ⅲ　実践編

ながったとはいえず、偏食や教師へのこだわりは続いていた。
　以上のような経過から、四年次はさらにねらいを絞り、授業改善に取り組んだ。

（3）四年次の実践
　ア　実践のねらい
　2年間の実践を振り返ったとき、「おいしく食べる」ことの妨げとなっている事柄を改善するためには、児童がもっと積極的に授業に参加できるようにしなければならないと考え、以下の2点をねらいとして実践を進めた。

> ①　教材教具を工夫することにより、食材や献立への興味を促し、食べる意欲につなげる。
> ②　人との関わりが深まることにより、安心感をもって食事ができ、食べる意欲につなげる。

　イ　実践の経過
　　（ア）　絵本の読み聞かせと内容に合わせた活動
　　　a　活動内容
　　　　絵本は『おべんとう』、『サンドイッチ　サンドイッチ』を取り上げた。読み聞かせをした後、絵本の内容に合わせて、児童が具材の模型を容器に入れたり乗せたりして、弁当やサンドイッチを完成させていく。「ウインナーはA」のように、具材を担当する児童を固定したので、誰か一人でも欠けると絵本のように完成せず、その日によって出来上がりに変化が出るようにした。
　　　b　児童の変容
　　　　具材の模型を手渡された当初は、AもBも投げたり、口に入れたりするなど一人遊びをするだけにとどまっていた。容器に入れる活動では、教師の示す方向に手を動かすことはできたが、出来上がりの変化を楽しむまでには至らなかった。繰り返しの学習によって、まず、Bがゆっくりと丁寧に容器に入れたり、模型を乗せたりするようになり、何回も

写真1　お弁当の模型をとる

やり直しをして出来上がりを気にかけるようになった。また、次第に完成したものに注目できるようになり、きれいに整った完成品を見て声を出したり、笑顔になったりした。Bよりも時間はかかったが、Aにも変化があった。教師とやりとりをする中で、模型を容器に入れたり、友達の活動をよく見たりするようになるなど、授業に意欲的に参加する時間が増えてきた。

6 キャリア教育の視点に基づいた「日常生活の指導」の授業改善

写真3　教材写真『おべんとう』

写真3　教材写真『サンドイッチ サンドイッチ』

c　食に関する変容

　　Aは、給食の場面では、教師の支援を徐々に受け入れることができるようになり、スプーンを払いのけることが少なくなった。支援を受け入れられるようになったことで、苦手だった食物も徐々に食べられるようになり、四年次には毎回全量を食べられるまでになってきた。また、毎日模型を持って容器に入れることが手指の巧緻性の向上にもつながり、小さくちぎったパンを指でつまんで口に運んで食べることができるようになった。

　　Bは、模型の完成品に関心がもてるようになるにつれ、教師が給食を配膳する様子や、机にきれいに並べられた器を見て、笑顔や声が出てくるようになった。また、以前は教師に自分の食べたいものが伝わらないと、怒って食器をひっくり返すことがあったが、やりとりを通して指差しなどで気持ちを伝えることが上手になり、落ち着いて食べることができるようになってきた。

(イ)　主食に関するカードを使った学習

a　活動内容

　　まず教師が、御飯、パン、麺の三つの写真カードでその日の主食の献立を示し、それを受けて、児童は三つの模型から同じものを選ぶ。模型に触れたり、教師に手渡したりするなど、手を使ったやりとりを重視した活動である。

b　児童の変容

　　Aは、活動当初は、教師が示すカードを注意深く見るということが難しかったため写真カードと模型を一致させることができず、いつも同じ物を選んだり、自分に近い物を選んだりすることが多かった。しかし、3か月を過ぎたあたりから、教師が示したカードと一致させることができるようになり、現在ではほぼできるようになった。

　　Bは、写真カードを見ることは好きで、模型にもとても興味をもつことができたが、一致させることは難しかった。

c　食に関する変容

　　A、Bともに運ばれてくる給食をよく見るようになり、食べることに意欲が出てきたようである。特にAは、主食が好きなパンのときに「あー」などの声を出したり笑顔になったりするようになった。これまでは自分の食べるものが

生きる力を育てる

分かっておらず、常に不安を感じながら食事に臨んでいたのではないかと考えられる。これから何を食べるのか、教師が言葉だけでなく、視覚や触覚にも訴えながら丁寧に伝えていかなければならないことを今回の変化によって改めて気づかされた。

2-4 実践のまとめ

　絵本の読み聞かせやカードを使った実践は三年次と同様であるが、児童の実態に合わせた教材教具と組み合わせることによって、絵本の内容の理解が深まり、食材や給食の献立に対する興味・関心が高まったと考える。また、体験活動の積み重ねにより、教師や友達とやりとりをする機会が増え、主体的に人と関わることができ、食事の場面でも教師と落ち着いた気持ちで食べることにつながったのではないだろうか。

　平成24年度の実践と本実践を「キャリア教育授業シート」で分析すると、情報活用能力のさまざまな情報への関心については、両実践とも共通して当てはまる点は多いが、本実践は人間関係形成能力の分野にある集団参加、協力・共同の項目や将来設計能力の役割の理解と実行、生きがい・やりがいの項目において当てはまる内容が多いことが分かってきた。これは本実践が、体験活動を通して一人一人が役割をもち、教師や友達と協

写真4　今日の献立は何かな

力して一つの目標に向かうことで、やりがいや人と関わることの楽しさを児童の心に芽生えさせることをねらい、授業改善をした結果であると考えている。

3　おわりに

　私たちは重度・重複障害のある児童の生きる力の重要な要素の一つには「食べること」があると考え、食べる力を付けるための課題解決の方法や食育の在り方を求めて、日常生活の指導の年間指導計画や個別の指導計画の作成に取り組んできた。食事に必要な口腔等の過敏さを和らげることや、食べる機能の向上のための体への直接的な働きかけを行うだけでなく、絵本や身近な食材などの児童の興味関心のある教材を用意することで、児童が自然に聞いた言葉や視覚、触覚などの感覚を食に向けていく内容の授業が必要であるという共通の認識をもって、研究を進めてきた。

　実践では、児童の実態に合った、具体的で分かりやすい教材を用意することで児童の学ぶ意欲が高まり、AやBが、食材や給食の献立に関心をもち、教材を介したやりとりを通して教師との信頼関係が深まっていく姿を目の当たりにできた。そして、学習が深まる中で、食べることに意欲が出てきたり、教師の支援を受け入れ落ち着いた気持ちで食べられるようになったりするなど、児童の食に向かう姿勢が変化していくのを実感できた。

今後の課題は、さらに児童一人一人の食に関する課題を分析し、授業改善につなげていくことである。また、経管での栄養摂取をしている児童への食育の働きかけについても研究を深めていきたい。「よりおいしく食べること」を手がかりにして、子どもたちが「よりよく生きる」ことにつなげていきたいと考える。

<参考文献>
『特別支援教育充実のためのキャリア教育ガイドブック』独立行政法人国立特別支援教育総合研究所編著
『おべんとう』小西英子著
『サンドイッチ サンドイッチ』小西英子著

（ひいらぎ特別支援学校　教諭　杉浦　律子）

~コメント~
　「よりよく生きる」ということは、個別の指導計画の重点目標を設定するにあたって、とても重要なキーワードです。障害の程度の重い児童生徒の教育課程の内容を学ぶ児童にとって「よりよく生きる」ということは、健康の維持・促進であり、人と関わることの喜びであり、周りの変化を受け止め、それを楽しむことなどであるといえます。この研究では「よりよく生きる」ために学校生活の中で大きな位置を占め、毎日行われる給食が一層充実した時間となることを目標に指導に当たった第4校時の「日常生活の指導」を取り上げ、人と関わる力、見る力や聞く力を高め、健康の増進に大きな役割を担う食べる力につながるという仮説を立て、指導を行いました。さらに授業改善を行う余地は残っていると思いますが、児童の給食に向かう気持ちが前向きに変化したことは授業改善が進んだ一つの成果であると思います。今後も「よりよく生きる」という視点をもって、すべての教育課程の指導を進めていきたいと考えています。

（ひいらぎ特別支援学校　小学部主事　高羽　正孝）

III 実践編

Q 特別支援学校ではどのような給食が出されていますか。

A 特別支援学校（肢体不自由）では、児童生徒の嚥下（えんげ）や咀嚼（そしゃく）の能力に合わせて初期、中期、後期、普通食といった段階をつけて調整をした給食を作っています。

段階	食物形態	ねらい
普通食	一般の食事よりやや柔らかめ	口の中に取り入れた物をこぼさずにしっかりかみ砕いて飲み込むことができる。
後期食Ⅱ	煮込みハンバーグ状（粗刻み：一口大）	箸で切れる程度の硬さのものを、歯茎や奥歯で少々硬い食物でもすり潰して食べることができる。<u>かむ力</u>を付ける。
後期食Ⅰ	カボチャの煮物状（刻み：1cm以内）	親指と中指で軽く潰せるくらいの軟らかさで、舌では潰せない形のあるものを、食べることができる。舌を前後、左右に動かして食塊を作ることができる。
中期食	マッシュポテト状（粒なし）	絹ごし豆腐の堅さ程度のものを、舌の上下運動で<u>押し潰して食べる</u>。 口唇を強く閉鎖し、しっかり捕食ができる。
初期食Ⅱ	カスタードクリーム状（ペースト状）	スプーンにのせても流れ落ちない形状のものを、顎や<u>口唇を意識的に閉じて、上唇で取り込む</u>ことができる。
初期食Ⅰ	プレーンヨーグルト状（粘液状）	いろいろな食品の味をあじわう。口唇を閉じて<u>飲み込むことができる</u>。

＜ひいらぎ特別支援学校の食形態段階表より＞

＊この表は、愛知県教育委員会健康学習課から出された食形態段階表をもとに、ひいらぎ特別支援学校の児童生徒の実態に合わせて作成されたものです。

7 自立活動「食事」の授業
～生きる力を育てるために～

愛知県立豊橋特別支援学校　中学部

1　実践の概要

　重度重複障害学級の自立活動「食事」の授業改善を中心に報告する。事例生徒の実態を自立活動の6区分の観点から捉え、キャリア教育の視点から身に付けたい力を見直し、具体的な課題を設定した。授業改善の過程で設定された新たな課題に対して、生徒の表情や変化を複数の教師の目で観察し、その意味を検討していった。教師間の共通理解を図るものとして、キャリア教育の視点を生かし、評価の新たな観点を得ることができた。

2　実践事例

2-1　キャリア教育の視点による自立活動「食事」の授業改善に向けて

（1）研究の目的

　重度重複障害のある生徒Aのキャリア発達を促し、生徒本人の将来像を見据え、「なりたい」「ありたい」姿を複数の教師の目によって丁寧に捉え、指導を行っていくことを目的とする。

（2）仮説と研究の方法

　自立活動「食事」の授業をキャリア教育の視点から見直し、キャリア教育と自立活動の内容を関連付けた実践を行えば、教師の共通理解と協働体制が生まれ、重度重複障害のある生徒のキャリア発達をより促すことができると考える。

　そのために、生徒の実態を踏まえ、「食事」における課題と手立てを教師間で共有した。課題は、自立活動の6区分に即した実態把握に基づき、本校の「キャリア教育全体計画」（P.89）の中から抜粋した、キャリア教育で身に付けたい力や目指す生徒の将来像を踏まえて設定した。研究方法としては、対象の生徒Aの所属する学級と他学級が協力し、複数の教師でAの様子を見て、課題の解決に向け、授業実践と評価をして授業改善につなげていった。

Ⅲ 実践編

（3）生徒の実態と課題

生徒Aの実態把握（自立活動の内容の6区分より）					
健康の保持	心理的な安定	人間関係の形成	環境の把握	身体の動き	コミュニケーション
・体温調節が難しい。 ・股関節が痛む。 ・食べる順番にこだわりがある。	・快、不快の感情を表すことができる。 ・自分の思いどおりにいかないと泣いて怒る。	・特定の人の関わりを受け入れる。 ・話をよく聞いている。	・自分の好きな物については注視し、快の表情を見せる。	・全身に力を入れることが多い。	・自分の気持ちを表情や声で表すことができる。

①人と関わり、社会で生きていく力	②自分の個性を理解し、伸ばしていく力	③まかされた役割を理解し、やりきる力	④夢をかたちにし、歩んでいく力
・自分の思いを適切に伝える。	・安定した表情で食事を楽しむ。	・苦手なことや新しいことに挑戦する。	・好きな物を選択する。 ・支援や介助を受け入れる。
キャリア教育で身に付けたい力（本校：キャリア教育全体計画より）			

【課題】
周りの人の関わりを受け入れ、落ち着いて食事を楽しむことができる。

2-2 授業実践と考察

（1）授業実践の様子

　月に1回程度、他学級で食事の授業を受けたり、教師を代えたりしてAの様子の変化を観察した。

7 自立活動「食事」の授業

〈他学級でのAの食事の様子〉

回数	Aの様子
1回目	・授業での関わりのない教師が話しかけると笑顔が見られた。 ・初めから力が入って落ち着かない様子だった。食べるように促すと、さらに泣き出した。車椅子からずり落ちそうになったため、車椅子から下ろした。
2回目	・食事前に話しかけるとにこにこした。カレー、コーンサラダを食べた。半分以上食べてから、牛乳を口に近づけると首を振って顔をゆがめていた。デザートも首を振っていた。口につけてみたが、食べる気はないようで、口を開かなかった。
3回目	・食べ始めから表情もよく、進んで口を開けて食べられた。途中スプーンを変えたタイミングで辛そうな顔になったので、5分ほどテーブルだけ外して休憩すると、また食べることができて完食できた。牛乳は半分飲むと首を振り、不快な表情になったのでやめた。給食後は、笑顔が見られた。
4回目	・背中に保冷剤を入れて食べ始めた。 ・さんまが好きな様子だったが、他のおかずも交互に口に運ぶことで完食できた。牛乳はいらない様子だった。歯磨きを終えたころより不機嫌になり、じゅうたんに下りると次第に落ち着いた。 ・給食の後半で介助者が変わったが、落ち着いて食べられた。もう少しのところで泣いてしまったが、「もう少しだからがんばろう」と言葉をかけると、口を開けて完食することができた。牛乳はどうしても飲まなかった。
5回目	・にこにこしてご飯、魚を食べ始めた。ほうれん草を食べたあたりから力が入ってきて、泣き出した。テーブルを取っても落ち着かないので、じゅうたんに下りた。おむつを換えてもらい、車椅子に乗ると落ち着いた。食べ始めると再び不機嫌になりかけた。ご飯と白菜スープだけ食べようと言葉かけしたら食べ始めた。教師が代わると、ほうれん草を食べた。デザートは食べなかった。

生きる力を育てる

（2）評価

　授業実践に関わった教師で、Aの課題に対する評価を行った。今回の実践では、課題の達成までには至ってはいないが、少しでも「なりたい」「ありたい」自分に近づこうとしている過程もキャリア発達と捉え、評価をした。教師が感じたAのキャリア発達は以下のとおりである。

　〇自分の意思を伝えようとする機会が増えた。
　〇担任以外の関わりを受け入れようとしていた。
　〇ふだんと違う環境でも、食事をすることができた。
　〇気に入らないことがあって、気持ちが不安定になっても、少し時間をおけば気持ちを切り替えて食事を続けることができた。

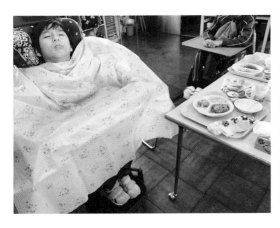
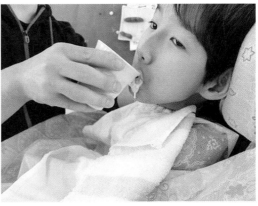

（3）結果と考察

　Aは、年度初め、中学部での新しい生活に慣れないため、教師との関わりをなかなか受け入れられず、落ち着いて食事をとれる日が少なかった。外気温や体の痛み、食べ物の好き嫌いに対して不快な表情を見せることが多く、泣いて怒ったり、全身に力を入れて手足をバタバタしたりすることが続いた。2学期に入ってからは、学校生活にも慣れ、教師の関わりを受け入れ、意思表示も穏やかになり、落ち着いて食事をとり、完食できる日が多くなった。

　そこで、学級を入れ替えて食事をとることで、担任以外の教師の指示や支援を受け入れ、いつもと違う場所や場面においても同じような行動がとれるように、意図的に環境を変えて学習することが大切だと考えて実践した。その結果を受け、所属学級での様子と比較した。Aの食事の様子を複数の指導者が見ることで、Aが泣いて怒ったり、手足をバタバタさせて落ち着かない様子になったりする原因と手立てを考え、授業改善を進めた。

【手立て】
・不安定になる前に、食事に集中できるような落ち着いた雰囲気、環境を整える。
・好きな音楽をかける。
・献立や食べる順番を確認する。
・家庭と連携し、情報を共有する。

→ 授業改善 →

【成果】
・給食の時間中、落ち着いていられた。
・完食できる日が増えた。
・気持ちの表現が上手になった。
・いろいろな教師の関わりを受け入れられるようになった。

3　おわりに

　今回の実践を通し、生徒の実態把握から課題を設定し、授業実践を通してつまずきの原因を探り、手立てを考えて授業改善をするという一連の流れの中で、Aのキャリア発達の様子を捉えることができた。また、教師側にとっても、キャリア教育の視点という観点を具体的に示したことで、評価や指導に統一性ができ、共通理解や協働体制が生まれた。重度重複障害のある生徒は、日々の変化や成長が緩やかであり、長期間の観察が必要である。小さな変化を見逃さず、一つ一つの活動を丁寧に見て、教師間で情報を共有し合い、改善点を見出していくことが大切だと感じた。

　今後も、キャリア教育全体計画の整備を進め、学校全体でキャリア教育に携わっていく必要がある。児童生徒の重度重複化が進んでいる現在、児童生徒の自立と社会参加をキャリア教育の視点から捉え、日々の活動から、本人の「なりたい」「ありたい」を探り、その願いを中心に据えた教育活動の充実を進めていきたい。

<参考文献>
愛知県教育委員会「キャリア教育ノート　夢を見つけ夢をかなえる航海ノート」2012,凸版印刷.
渡辺昭宏『特別支援学校&学級で学ぶ！2　みんなのライフキャリア教育－「仕事力」+「暮らす力」「楽しむ力」で「生きる力」に－』2013,明治図書.
文部科学省「中学校キャリア教育の手引き」
　http://www.mext.go.jp/a_menu/shotou/career/1306815.htm（2013/11/20　閲覧）
文部科学省「今後の学校におけるキャリア教育・職業教育の在り方について（答申）」
　http://www.mext.go.jp/b_menu/shingi/chukyo/chukyo0/toushin/1301877.htm（2013/11/20 閲覧）
花本昭子「重度・重複障害のある高等部生徒のキャリア発達を促す自立活動の在り方－キャリア教育と自立活動の内容を関連付けた過大評価シートを活用した実践を通して－」(2013/12/10 閲覧）
　http://www.hiroshima-c.ed.jp/center/wp-content/uploads/kenkyu/choken/h25_zennki/zen25.pdf

（現岡崎特別支援学校　教諭　矢部　純子）

~コメント~

　キャリア教育の視点で、自立活動「食事」の授業改善を行った事例です。生徒の実態を自立活動の6区分から捉え、課題については本校のキャリア教育全体計画より設定しています。生徒の今もっている力や、目指す生徒像が分かると、指導や支援の手立てが明確になってきます。この事例では、多くの教師の目で実態把握したことにより、教師間の共通した指導や評価を行うことができました。そして、生徒のありたい姿に迫る成長がみられました。さらに、授業改善を重ねることによりキャリア教育で身に付けたい力を育てることができると思われます。

（豊橋特別支援学校　校長　林　智子）

III 実践編

> **Q** 本実践において、教師間で共通理解した「働きかけ」は、どのようなことですか?

A
　本事例の生徒Aは、発語はないのですが、名前を呼ばれると顔を上げたり手を挙げたりして返事をします。喜怒哀楽の表情が豊かで、好きな物を選んだり、質問に身振りや声で答えたりすることもできる生徒です(「生徒Aの実態把握」参照)。食事場面では特に感情の起伏が大きく、食事が十分に取れない日もありました。本人の摂食能力そのものよりも、環境や介助者との関係、姿勢等の方に改善の余地があるものと考えました。

　そこで、「周りの人の関わりを受け入れ、落ち着いて食事を楽しむことができる」という課題を設定し、段階的に教師が交代して食事指導を行うに当たって、以下のような「働きかけ」を共通理解して取り組みました。

1　食べる前に献立や普通食の盛りつけを確認し、食事への意欲を促す。
　　Aの食事は、ふだん家庭では普通食ですが、主治医と保護者との話し合いで学校では食形態調整(中期)食にしているので、どの食器にもマッシュポテト状のもったりとしたかたまりが並び、料理の内容が分かりにくい、という面があります。献立との対応を一皿ずつ視覚的に確認することで、食べたい、という気持ちを促します。また、そのやりとりを通して、いつもとは違う教師でも、「今日は、この先生とこの食事を食べるんだ」と、Aが理解し、意欲をもつことができるようにしました。

2　食べ物の好き嫌いを把握して、好きな食べ物を効果的に使う。
　　好きな食べ物は意欲的に食べられることが多いので、苦手な物を好きな物と交互に少しずつ口に運んだり、食材の組み合わせによっては好きな味に混ぜたりして、食べやすさを工夫しました。

3　暑さや風通し等の環境面を整える。
　　食事中、Aは車椅子ごとすっぽり覆うような大きなエプロンを掛けています。蒸れ、暑さで不快にならないよう、教室全体の空調を考えて座席の位置や向きを変える、エプロンを外して様子をみる、夏場は首筋や背中に保冷剤を使う、等で対応しました。

4　食べやすい姿勢をとる。
　　Aは、股関節脱臼があり、車椅子上での姿勢が崩れると痛みを訴えるような表情が見られ、力が入ってしまうことがあります。食事に入る前に車椅子の背もたれの角度や座り方を調整し、食べやすい姿勢を取りますが、食事中でも姿勢が崩れてきたらエプロンやテーブルを外して姿勢を直すようにしました。座り直しても表情が戻らない場合は、一度車椅子から降りてマット上でリラックスし、余分な力を抜いて姿勢を整え、様子を見るようにしました。

8 自立活動「感覚・運動」の授業改善

愛知県立豊橋特別支援学校　小学部

1　実践の概要

教育課程C（自立活動主体の教育課程）で学習する小学部4・5・6年生の児童を対象に、自立活動「感覚・運動」で、サッカーを題材に「人と関わり楽しむ力を育む」ことをねらいとした実践を紹介する。

2　実践事例

2-1　本校の授業改善について

本校小学部では、「授業改善シート」（図1）を活用した授業改善に取り組んで6年目になる。今年度は、キャリア教育の視点から児童に必要な力を考え、授業づくりに生かすことをねらいとした。学習集団ごとにキャリア教育の視点から、その集団の児童に付けたい力を考えて学習計画を立て、教師がお互いに授業を見合って改善への方策を検討し、次の授業を行うというPDCAサイクルを構築した。そうすることで、児童に対する教師の共通理解と協力体制が生まれ、キャリア発達を促進できると考えた。

2-2　児童の実態

本学習集団は、教育課程Cで学習する4年生2名、5年生1名、6年生2名で構成されている。
- 「健康の保持」では、呼吸状態が不安定で排たんがうまくできない児童が2名いる。
- 「心理的な安定」では、全員が表情で喜怒哀楽を表すことができる。
- 「人間関係の形成」では、教師と関わることが好きで、友達と関わることができるようになりつつある児童が4名いる。
- 「環境の把握」では、視覚優位の児童や聴覚優位の児童がいる。また、触覚が過敏な児童もいる。
- 「身体の動き」では、体に緊張が入ることが多い児童や姿勢を保持するため保持具や座位保持椅子に座る児童がいる。自ら体を動かすことが、好きな児童が3名いる。
- 「コミュニケーション」では、全員が顔の表情や声、腕や指の動きで自分の気持ちを伝えることができる。

2-3 授業実践

本校の「キャリア教育の全体計画及びキャリア内容表」(P.89)を参考に、本学習グループの児童たちに身に付けたい力として、

・「人と関わり、社会で生きていく力」の中の「意思を表出する力」と「人と関わる力」
・「夢をかたちにし、歩んでいく力」の中の「選択・決定する力」

の三つを掲げた。このねらいを達成するため、活動の中で選択する場面、それを声や表情で伝える場面を多く取り入れることにした。

(1) 第1回授業実践

自立活動「感覚・運動」とは、感覚刺激や体の動きを生かした活動を題材として、自立活動の課題を指導する授業である。

6月にサッカーのワールドカップが開催されており、学級の児童の中にブラジル出身の児童がいることや、連絡帳から家庭でワールドカップの話をしていることから、今回はボール遊び(サッカー)を題材に、単元「ワールドカップ(ブラジル)を目指して」を設定した。

ねらい	・ボールを選択するときや友達にボールを渡すときに、視線や声、体の動きで気持ちを表現できるようにする。
授業内容	・「みんなの体操」をする。 ・いろいろなボールを触り、どのボールを使うか選択する。 ・輪になって、ボールを転がす。
手立て	・感触や音、大きさ、色など児童に分かりやすいようなボールを準備する。 ・教師が目の前の友達の名前を呼んで、友達が意識できるようにする。 ・個々が転がしやすい姿勢で、ボールを転がすようにする。

ア 授業の様子

今回の授業では、始めにワールドカップのBGMを流すと、児童たちの表情が変わり、笑顔になる児童もいた。音の出るボールやカラフルなビニールボール、硬いサッカーボールなどを順番に触って、ボールを選択した。

その後、全員で輪になりパスの練習をしたが、児童らの自主的な動きや傾斜台の使い方を工夫しながらパスすることが中心となった。児童らは、うまくパスできたときには、みんなの歓声を受け、笑顔になったり、もっとやりたいと意欲を見せたりすることがあった。

イ 授業者の評価

参観者からの意見や授業者の自己評価から、以下の点が挙げられた。

・ボールに興味をもつように音が出るボールを準備したが、一斉にパスを出し合ってしまったために、音があまり聞こえなかった。
・ボールを転がす傾斜台を準備したが、児童の手の向きや力の加減でボールが傾斜台から落ちてしまうことがあった。

- 教師が児童のボールを選ぶときに、待ちきれないときがあった。
- ワールドカップの雰囲気を出すためにBGMを流したが、教師の話をしている声や児童の声も聞こえてちょうど良かった。

ウ　改善に向けて

　第1回授業実践を終えて、学級関係者で話し合いをもち、授業改善シートをもとに「ねらい・内容」「教材教具」「環境」「かかわり・支援」の四つの観点で改善への方策を検討した。

- 「ねらい・内容」においては、一斉にパスをすると児童の小さな動きを見逃しがちであったため、一人一人が友達に向かってパスを出していくようにする。教師が友達の名前を呼んで、児童が友達の方を見ることで、より友達を意識できるようにしていく。
- 「教材教具」においては、ボールが友達の方に転がりやすいように、傾斜台を長くする。また、傾斜台を職員が手で押さえていなくても、クッションなどを用いて児童の体に沿う位置で、安定するように改善する。シュートするときに、自分でボールを転がしたり、少しの介助で転がしたりすることができるように一人一人の姿勢やゴールの位置を工夫する。
- 「環境」においては、ワールドカップらしさをもっと出す工夫として、ユニフォームやタオルなどを取り入れる。
- 「かかわり・支援」では、全員が一対一でパスをし、個々の動きを出せるような支援の方法を工夫する。児童が待つ時間は増えてしまうが、個々に行い丁寧に関わることにしたい。輪になってパスを出すときに、児童一人一人がボールを決め、そのボールをみんなで回す。パスをする友達の名前を呼ぶ教師の声を聞き取りやすくする。パスをする友達の方に目を向けるまで、児童の動きを待つ。

　第2回授業実践では、第1回の授業から身に付けたい力として、「夢をもって行動する力」を追加することにした。これは、授業の中でワールドカップの雰囲気を出すことにより、何か楽しいことが始まるという期待感をもってほしいという願いと体を動かすことは楽しいと児童が感じ、笑顔がたくさん出るようになってほしいと考えたからである。

(2) 第2回授業実践

ア　授業の様子

　授業の内容としては、パスだけでなく、シュートも取り入れた。パスやシュートを行うことで、じっくりと児童の動きを引き出したいと考えてボールを転がすと、どの児童も笑顔になった。ユニフォームを着たり、タオルを飾ったりすると教室がワールドカップのような雰囲気になり、児童も授業が始まって体を動かすとよく笑っていた。

III 実践編

授業改善シート

	6月24日（火）		第5時限	場所	7組教室
授業名	感覚・運動	単元・題材名		ワールドカップ（ブラジル）を目指して	
付けたい力 (ｷｬﾘｱ教育)	・意思を表出する力　・選択決定する力　・人と関わる力　・夢をもって行動する力				
単元・教材 のねらい	・ボールの選択や友達にボールを渡すときに、視線や声、体の動きで気持ちを表現できるようにする。 ・シュートをするときに、自分でボールを転がしたり、少しの介助で転がしたりする。 ・パスやシュートを決めたときに笑顔や声が出る。				
内　容	・「みんなの体操」をする。 ・どのボールにするか声や表情で決め、輪になって友達にボールを転がし渡す。 ・一人一人が転がして、シュートを決める。				
手立て	・感触や音、大きさ、色など児童に分かりやすいようなボールを準備する。 ・教師が目の前の友達の名前を呼んで、友達が意識できるようにする。 ・個々が転がしやすい姿勢で、ボールを転がすようにする。 ・一人一人が、シュートができるようにゴールの位置を変える。				
前回の授業から 改善をした点	・一人がボールを決めて、そのボールでパスを回す。 ・クッションチェアや横向きなど個に対応した手や足が動きやすい姿勢で活動する。 ・傾斜台を長くして、クッションで固定をした。 ・ワールドカップの雰囲気を出すために、ユニフォームやカードを使う。				

第2回　評　価

個々のねらいについて（児童の人数）						全体（○をうつ）	
達成できた	2人	まずまず	2人	達成できず	人	①	達成できた
						2	まずまず
						3	達成できず

		授業者評価（数値，コメント）		参観者からのご意見
項目		評価	コメント	
ねらい・内容		4	今回は、個々にパスを出したり、シュートをするように心掛け、それができたために児童一人一人の表現を見ることができた。また、ハプニングがあったものの何とか児童の活動ができた。	キャリア教育の視点から授業の中で力の獲得に近付けたと思います。「夢をもって行動する力」が追加されていていいなと思いました。 児童の姿から前回に比べて子供の表情が大変良かった。笑顔に加えてやる気が感じられた。
教材教具		4		
環境		3		
かかわり・支援		4		
児童の姿		5		
改善に向けて	ねらい・内容		個々の活動に重点を置いたのでねらいがぶれることなく、よかった。個に合った傾斜台を改善したことでうまくできた。	
	教材教具		傾斜台の長さを児童に合わせて変えた。ボールも少なくして、児童に選択しやすいようにした。ゴールを用意した。	
	環境		教室が少し狭い気がした。ユニフォームやタオル（日本代表）などでワールドカップの雰囲気を出した。	
	かかわり・支援		個々にしたことによって、個の対応ができ、教師が待つこともできた。	
	その他			

図1　授業改善シート

　イ　授業者の評価

　参観者からの評価や自己評価では、一回目に比べ良くなったという評価が挙げられた。児童の様子も個々のねらいを達成できたと感じた（図１）。

3　まとめと今後の課題

　今回の授業実践を通して、児童の教育活動全体にキャリア教育が含まれていることを改めて確認することができた。授業立案の話し合いをする中で、児童それぞれの課題がキャリア教育の中にあることに気付いた。さらに本校の「キャリア教育全体計画及びキャリア教育内容表」（P.89）を用いたことで、授業の中で付けたい力を具体的に設定することができた。また、「授業改善シート」を使用して授業改善をすることで、児童の様子や教室環境、教材・教具など教師同士が情報を共有し合い、改善点を見つけ出しやすくなったと感じた。

　キャリア教育の視点からねらいを押さえ、授業を見直していくことが、児童のキャリア発達につながることが分かった。今後は、それを系統的・継続的に実践することが課題であると考える。

　今後も、児童や授業について話し合う機会や話しやすい雰囲気を大切にし、一人一人の児童にどんな力を身に付けさせたいかを明確にした授業づくりをしていきたい。

（現豊橋市立くすのき特別支援学校　教諭　兼松　由季）

Ⅲ　実践編

~コメント~
　本校小学部での授業改善では、本校の「キャリア教育全体計画及びキャリア教育内容表」を参考に、児童に付けたい力について教師間で話し合いを行うことで、目標設定や手立てがより明確になってきました。また、この取組も6年目を迎え、「授業を見合う」ことへの抵抗感もなくなり、短い時間でも授業参観をしてお互いにより良い授業を作ろうという雰囲気が出てきており、小学部全体の意識もさらに高まってきました。そして、授業参観週間における保護者へのアンケートを通して、きたんのない意見を聞くことができ、大変励みになるとともに、学校に対する期待の高さが分かりました。
　今後は、「児童に付けたい力が授業でどう引き出されたかの評価」について共通認識をもてるようにしていきたいと思います。
　　　　　　　　　　　　　　（豊橋特別支援学校　小学部主事　佐原　寛治）

8 自立活動「感覚・運動」の授業改善

愛知県立豊橋特別支援学校キャリア教育全体計画

校訓 "体力 気力 学力"

【キャリア教育の目標】
「自分の役割を果たすために必要な能力や態度を身に付け、自分らしい生き方の実現を目指す。」

楽しむ力を育てる

身に付けたい4つの力

①人と関わり、社会で生きていく力	②自分の個性を理解し、伸ばしていく力	③まかされた役割を理解し、やりきる力	④夢をかたちにし、歩んでいく力
【a 意思を表出する力】 ・自分の意思や感情を表出する。 ・相手に自分の意思や思いを伝える。 ・自分の意見や思いを適切に伝える。 【b 人と関わる力】 ・友達と一緒に活動する。 ・他者とやりとりする。 ・集団の中で活動する。 【c 挨拶や返事、報告をする力】 ・相手を見て挨拶する。 ・きちんと返事をする。 ・伝えるべき内容を自分から伝える。 【d 見通しをもち、落ち着いて行動する力】 ・落ち着いて過ごす。 ・見通しをもって行動する。 ・自分の感情をコントロールする。 【e 他者を思いやる力】 ・相手を思いやって行動する。 ・手伝いや手助けをする。 ・友達のことを考えて行動する。	【a 健康に過ごす力】 ・生活リズムを整える。 ・健康状態を保つ。 ・体力を付ける。 【b 基本的な生活動作をする力】 ・食事のマナーを身に付ける。 ・身辺自立するための力を高める。 ・基本的生活習慣の確立に向けた意識を高める。 【c 余暇を楽しむ力】 ・一人遊びを楽しむ。 ・友達と過ごすことを楽しむ。 ・活動場所を広げ、好きな活動を楽しむ。 【d 自分について理解する力】 ・自分の好みや適性を理解する。 ・自分を肯定的に受け止める。 ・自分の体調について把握する。	【a 自発的に行動する力】 ・自らの役割を理解して行動する。 ・自ら考えて行動する。 ・計画的に行動する。 【b 努力して取り組む力】 ・与えられた課題をきちんと行う。 ・苦手なことや新しいことに挑戦する。 ・様々な活動に継続して取り組む。 【c 決まりや約束を守る力】 ・ルールや決まりを守り、行動する。 ・時間を意識して行動する。 ・公共の場で適切に行動する。	【a 興味や関心を高める力】 ・様々なことに興味や関心を示す。 ・周囲の環境への興味・関心を高める。 ・興味や関心を広げるために、必要な情報を得る。 【b 選択・決定する力】 ・好きな物を選択する。 ・やりたい活動を選択する。 ・自分の考えや経験に基づき、様々な事柄を決定する。 【c 夢をもって行動する力】 ・夢や希望をもつ。 ・働くことへの興味や関心を高める。 ・様々な場所へ移動する。 【d 支援や援助を求める力】 ・支援や介助を受け入れる。 ・自分から介助の依頼をする。 ・福祉サービスを活用する。

個別の教育支援計画・個別の指導計画

◇各教科　◇道徳　◇外国語活動　◇特別活動　◇自立活動

キャリア教育内容表

愛知県立豊橋特別支援学校

付けたい力	内容	自立活動との関連	具体的な姿
①人と関わり、社会で生きていく力			
【a 意思を表出する力】	自分の意思や感情を表出する。	コミュ（1）	視線や表情の変化で感情を表出する。 声や体の動きで積極的に気持ちを表現する。 楽しいことや嫌なことを、声に出して伝える。
	相手に自分の意思や思いを伝える。	コミュ（2）	「はい」「いいえ」を伝える。 指差しや言葉で、好きな物や活動を伝える。 自分の気持ちを言葉で伝える。
	自分の意見や思いを適切に伝える。	コミュ（3）（5）	集団の中で自分の意見を言う。 周囲の様子を見ながら、状況に応じた言葉で思いを伝える。 考えを整理して、分かりやすく伝える。
【b 人と関わる力】	友達と一緒に活動する。	人間関係（1）	友達の様子を見たり、存在を意識したりする。 友達との活動を通して、うれしさや楽しさを感じる。 友達と協力して活動する。
	他者とやりとりする。	人間関係（2） コミュ（3）	多くの人との関わりに慣れる。 自分から他者に話しかけたり、関わりをもとうとしたりする。 相手に合わせた適切な言葉遣いで話す。
	集団の中で活動する。	人間関係（4）	集団から離れずに、一緒に活動する。 自分勝手な行動をせず、周囲を見て活動に参加する。 集団の中で、人の話を聞いたり自分の意見を言ったりする。
【c 挨拶や返事、報告をする力】	相手を見て挨拶する。	人間関係（1）	誰にでも笑顔で挨拶する。 自分から挨拶する。 相手や場面に応じた挨拶をする。
	きちんと返事をする。	コミュ（2） 人間関係（1）	名前を呼ばれたときに、相手を見たり声を出したりする。 はっきりと「はい」と返事をする。 指示されたときにしっかり返事をする。
	伝えるべき内容を自分から伝える。	コミュ（5）	課題などができたときに報告する。 忘れ物をしたときに、自分から伝える。 分からないときに、自分から相手に聞く。
【d 見通しをもち、落ち着いて行動する力】	落ち着いて過ごす。	心理（1）（2）	大きな音や雑多な環境に慣れる。 安心して過ごせる人や場所が増える。 初めての場所や公共の場でも、落ち着いて過ごす。
	見通しをもって行動する。	心理（2）	周囲の環境の変化に気付く。 一日の活動内容の流れを理解して過ごす。 行事などの内容を理解し、目標をもって行動する。
	自分の感情をコントロールする。	心理（1）（2）	自分の感情の変化を知る。 環境を変えれば、気持ちを落ち着けることができる。 一人で気持ちを切り替えることができる。
【e 他者を思いやる力】	相手を思いやって行動する。	人間関係（2）	友達の活動を応援する。 友達のペースに合わせる。 友達に優しく接する。
	手伝いや手助けをする。	人間関係（2）	頼まれた手伝いをする。 すすんで友達の手伝いをする。 困っている友達の手助けをする。
	友達のことを理解する。	人間関係（2）	友達の話を聞く。 友達の長所や短所、好みを理解する。 相手の立場に立って考える。

②自分の個性を理解し、伸ばしていく力			
付けたい力	内容	自立活動との関連	具体的な姿
【a 健康に過ごす力】	生活リズムを整える。	健康（1）	食事や水分をきちんととる。 一定した起床や就寝時刻を保つ。 毎日、登校する。
	健康状態を保つ。	健康（1）（4） 身体（1）（2）	安定した姿勢で、ゆったりとした呼吸を維持する。 周囲からの関わりを受け、全身の力を抜いてリラックスする。 定期的に排せつする。
	体力を付ける。	健康（4）	笑顔で元気に授業に参加する。 気温の変化に適応できる。 体力向上を意識して、体を動かす。
【b 基本的な生活動作をする力】	食事のマナーを身に付ける。	身体（3） 人間関係（4）	口を閉じて食べる。 よい姿勢で食べる。 スプーンや箸を上手に使う。
	身辺自立するための力を高める。	身体（3）	一人でトイレに行く。 衣服や靴の着脱を自分でする。 清潔できちんとした身だしなみを整える。
	基本的生活習慣の確立に向けた意識を高める。	心理（3） 身体（1）	自分のことは自分でやろうとする。 自分でできることを増やそうと努力する。 身の回りのことを確実に行う。
【c 余暇を楽しむ力】	一人遊びを楽しむ。	環境（1）（2）（5）	テレビや絵本を見て楽しむ。 手を使って、玩具などで遊ぶ。 好きな音楽や映画を鑑賞して楽しむ。
	友達と過ごすことを楽しむ。	人間関係（1）（2）	友達を見て笑顔になる。 友達との会話を楽しむ。 友達と一緒に遊ぶ。
	活動場所を広げ、好きな活動を楽しむ。	人間関係（3）（4） 身体（4）	外出や散歩を楽しむ。 買い物に出かけて楽しむ。 レジャー施設などの公共の場所で、遊びを楽しむ。
【d 自分について理解する力】	自分の好みや適性を理解する。	人間関係（3）	自分の好きなものや嫌いなものが分かる。 自己紹介ができる。 自分の長所を生かそうとする。
	自分を肯定的に受け止める。	心理（3） 人間関係（3）	自分の得意なこと、不得意なことを知る。 自分の障害について理解する。 自己の困難な状況を改善したり克服したりしようとする。
	自分の体調について把握する。	健康（2）（3）（4）	自分の体調の変化に気付く。 体温や食事量など、健康な状態について知る。 体調不良に気付き、自ら適切な行動をする。

楽しむ力を育てる

Ⅲ　実践編

		③まかされた役割を理解し、やりきる力		
付けたい力	内容	自立活動との関連	具体的な姿	
【a 自発的に行動する力】	自らの役割を理解して行動する。	人間関係（4）	係活動の内容を理解する。	
			自らすすんで係の仕事をする。	
			自分の係活動の、より良い取り組み方について考える。	
	自ら考えて行動する。	心理（2） 人間関係（3）	決められたことに言われなくても取り組む。	
			集団の中で、自分のやるべきことを考える。	
			状況を判断して適切に行動する。	
	計画的に行動する。	心理（2） 人間関係（3）	今することや次にすることが分かる。	
			活動の順序を考えて行動する。	
			目的意識をもって行動する。	
【b 努力して取り組む力】	与えられた課題をきちんと行う。	心理（3） 身体（5）	教師と一緒に集中して課題に取り組む。	
			目の前の課題に、一人で集中して取り組む。	
			課題を最後までやり遂げる。	
	苦手なことや新しいことに挑戦する。	心理（2） 人間関係（3）	苦手なことにも、我慢して取り組む。	
			新しいことに挑戦しようとする気持ちをもつ。	
			失敗しても、前向きな考え方をする。	
	様々な活動に継続して取り組む。	心理（3） 身体（5）	毎日、家の手伝いをする。	
			宿題やテスト勉強に計画的に取り組む。	
			目標を達成するまで努力する。	
【c 決まりや約束を守る力】	ルールや決まりを守り、行動する。	人間関係（4）	自分の持ち物が分かる。	
			順番が分かり、守る。	
			集団の中で、決まりを守って行動する。	
	時間を意識して行動する。	人間関係（4） 環境（4）	チャイムを聞いて、授業の始まりと終わりが分かる。	
			時計を読んで理解する。	
			時間を見て、早めに行動する。	
	公共の場で適切に行動する。	人間関係（4）	集団行動ができる。	
			交通ルールを理解して守る。	
			公共の場でのマナーを理解して活動する。	

8 自立活動「感覚・運動」の授業改善

付けたい力	内容	自立活動との関連	具体的な姿
④夢をかたちにし、歩んでいく力			
【a 興味や関心を高める力】	様々なことに興味や関心を示す。	環境（1）	音や匂いなどに反応する。 好きな活動や趣味がある。 学校で楽しみにできることを増やす。
	周囲の環境への興味・関心を高める。	環境（4）	教室掲示などに興味を示す。 趣味を通して他者との関わりを増やす。 学校周辺や地域への関心をもつ。
	興味や関心を広げるために、必要な情報を得る。	環境（4） コミュ（4）	必要な情報を他者に聞く。 インターネットを活用する。 日頃から、新聞などで情報を得る。
【b 選択・決定する力】	好きな物を選択する。	環境（4） コミュ（2）	好みの食べ物がある。 自分の好きなものを、二者択一で選ぶ。 三つ以上の中から、自分の好きな物を選ぶ。
	やりたい活動を選択する。	環境（4） コミュ（2）	複数の中から、やりたい活動を選択する。 内容の見通しをもちながら、活動を選択する。 選んだ理由を説明できる。
	自分の考えや経験に基づき、様々な事柄を決定する。	環境（4） 心理（2）	納得した上で、活動を選択する。 選択した結果が思い通りにならなくても、受け入れる。 就業体験などを振り返り、進路希望を言える。
【c 夢をもって行動する力】	夢や希望をもつ。	心理（3）	楽しみや期待感をもって過ごす。 好きなキャラクターや憧れの人がいる。 将来、なりたい職業がある。
	働くことへの興味や関心を高める。	心理（2）	働くことの意義を理解する。 自分の将来の生活について考える。 進路についての課題が意識できる。
	様々な場所へ移動する。	身体（4）	寝返り等で自由に移動する。 自分の教室以外の場所に移動して活動する。 公共交通機関を利用する。
【d 支援や援助を求める力】	支援や介助を受け入れる。	人間関係（1）	慣れた人の介助を受け入れる。 特定の人だけでなく、多くの人からの介助を受け入れる。 介助を受けやすいように、体を支えたり動かしたりする。
	自分から介助の依頼をする。	コミュ（1）（2）（3） 人間関係（2）	声や表情などで、尿意などを伝える。 相手の状況を見て、介助を依頼する。 依頼したい介助の内容を具体的に説明する。
	福祉サービスを活用する。	健康（1） 環境（4）	福祉サービスを利用し、経験を広げる。 障害者福祉制度の内容を知る。 障害者手帳を活用する。

楽しむ力を育てる

Ⅲ　実践編

> **Q**　「キャリア教育全体計画及びキャリア教育内容表」をどのように活用していますか。

A　本校の「キャリア教育全体計画」は、平成25年度本校全教員に「児童生徒にどんな力を身に付けさせたいか」をアンケートし、そこであげられた項目を整理し、4つの力を16のより具体的な力に分類したものです。それぞれの内容において、目指したい具体的な姿を検討し、本校の「キャリア教育内容表」を作り上げました。

　Ａ４サイズ5ページにまとめた「キャリア教育全体計画及びキャリア教育内容表」は、毎年4月に全教員に配付し、いつでも活用できるようにしています。

　現在、以下のように活用しています。

① 年度当初の実態把握
　・児童生徒に現在どんな力が付いているのかをチェックする。
　・どんな力が付いていて、どの部分が足りないかの全体像を捉える参考とする。

② 年度当初の課題設定
　・表を参考にしながら、身に付けたい力を考え、個別の支援計画に反映する。

③ 授業の目標・内容の検討
　・年間指導計画や指導案作成時等の参考にする。
　・授業改善の取組の一つとして、身に付けたい力を押さえた授業計画、手立ての検討などを行う。

④ 評価へつなげる取組
　・単元ごとまたは1時間1時間の授業において、どんな姿が見られたら「達成できた」とするかを具体的に押さえ、スモールステップで「身に付けたい力」を積み重ねていけるようにする。

9 重複障害学級の音・音楽を通した授業実践
～笑顔あふれるライフキャリアの充実を目指して～

愛知県立岡崎特別支援学校　中学部

1 実践の概要

　自立活動を主とする内容を学習する中学部1・2年生の生徒は、全生徒が車椅子を利用している。また、医療的ケアを受けながら学校生活を送っている生徒も在籍している。生徒たちは楽器を鳴らし、その音色を聴くことで笑顔を見せたり、声を出したりすることができる。生徒たちが今後の生活をより豊かに楽しく過ごす上で、多くの楽器の音色を感じたり、楽曲を知ったりすることはとても重要であると考える。キャリア教育の視点より「楽しむ力」を付けライフキャリアを充実させることは障害の有無にかかわらず、誰もが希求するところである。学校生活の中でも、いろいろな授業で音や音楽など音楽的要素を取り入れて学習したり、事業所等を利用する中で音楽的活動を行ったりすることは生活のさまざまな場面で見られる。音や音楽を聴き感じるということは、集団での生活を楽しむことができるとともに、周りの人たちとつながりがもちやすくなるのではないかと考える。音や音楽を媒介として、生徒自身が自分の感情を表現したり、生徒の能力を引き出したりすることをねらった実践を紹介する。

2 実践事例

2-1 生徒の実態把握

　実態把握では、個々の生徒にあったアプローチで活動する必要があると考え、個別の教育支援計画に基づいて行った。学級担任と領域・教科担当者が連携して生徒の実態把握を行い、目指す生徒像を共有して自立活動（おんがく）の授業内容を計画した（表1）。

表1　生徒の実態把握と目標シート（例）

個別の教育支援計画より	自立活動（おんがく）における実態
生徒の実態　特定の人から言葉かけされることが好きで、タッチで関わる。	・楽器演奏の動きを見たり、音色を聴いたりして、笑うことができる。
目標　いろいろな人と挨拶をして、人との関わりを増やす。	・リトミックでは、声を出して車椅子での動きを楽しむことができる。
個別の教育支援計画と自立活動（おんがく）の実態を受けて	
○楽器を手に持って鳴らし、楽器に興味関心をもつことができる。	
○音楽に合わせて体を動かしたり、車椅子を動かしたりすることができる。	

Ⅲ　実践編

表1より生徒の実態把握をした。

（・実態、○目標）

生徒	個別の教育支援計画より	自立活動（おんがく）における実態
A	・周りの人をよく観察し、声を出したり、表情を変えたりしてアピールすることができる。 ・抱っこをしたり、身体に触れたりした関わりを好む。 ○筋緊張を緩め、ゆったりとした姿勢をとることができる。 ○手足の感覚を高め動かすことができる。	・始まりの音楽では、教師の関わりに目を合わせ、笑顔を見せることができる。 ・言葉かけの際には生徒の手を取り、教師の声帯辺りに触れることで、声の振動を感じ、関わりを深めることができる。 ・ウッドブロックなどの木質楽器の音色に心地よい表情が見られる。
B	・まばたきをしたり、視線を動かしたりして関わることができる。 ・笑顔で気持ちを表現することができる。 ○見たり、聞いたりする力や手足の感覚を高めることができる。 ○親指を使って握手をしたり、両手を合わせたりすることができる。	・始まりの音楽では、教師の言葉かけに対して、笑顔を見せたり、目を合わせたりすることができる。 ・楽器を見たり、音色を聴いたりして楽しむことができる。
C	・音楽が好きで、身体を揺らして楽しむことができる。また、上肢を左右に動かしながら、声を出すことができる。 ○話をしている人の顔を見ることができる。 ○自分から人に関わったり、物に触れたりすることができる。	・始めの音楽では、顔の近くで教師が歌を歌うと、歌声の聴こえてくる方向に顔を向けることができる。 ・弦楽器に指先で触れることで、表情を変えて顔を左右に動かしたり、腕を動かしたりすることができる。
D	・表情を変えて、気持ちを表現することができる。また、関わりに期待感をもつことで笑顔を見せることができる。 ・歌を聴くことが好きである。 ○笑顔で気持ちを表現することができる。 ○好きな歌を増やすことができる。	・始まりの音楽では、言葉かけをすることで、左手の指を動かして返事をすることができる。 ・教師の歌声を聴き、視線を動かして関わることができる。

2-2　目標の設定

前述の生徒の実態より、「笑顔」が重要なポイントであることが分かった。音・音楽を媒介として生徒と教師がその場面を共有して笑顔を見せて関わりを楽しんだり、声を出してコミュニケーションをとったりして、幅広い表現を見ることができるのではないか。また、楽器を演奏することで、身体の一部を動かし、身体の動きの改善が見られるのではないかと考えた。そして、今後の生活の中で音楽に触れ、楽しみながら生活を豊かにするライフキャリアの充実を目指すことができるのではないかと考え、次の目標を設定した。

> 目標①　友達や教師とのやりとりを楽しみ、笑顔を見せたり、声を出したりすることができる。（コミュニケーション）
>
> 目標②　音楽を聴いたり、楽器を鳴らしたりして、身体を動かすことができる。（身体の動き）

＜個人＞

生徒	目標①「コミュニケーション」	目標②「身体の動き」
A	○教師の言葉かけに対して、笑顔を見せて声を出すことができる。 ○楽器を演奏して、教師と一緒に音楽を楽しむことができる。	○筋緊張を緩め、ゆったりとした姿勢をとることができる。 ○手足の感覚を高め動かすことができる。
B	○言葉をかけるとまばたきをしたり、笑顔を見せたりすることができる。 ○楽器の音色を教師と一緒に聴くことができる。	○始めの音楽のリズムに合わせて握手をし、手や体の一部を動かして関わりを楽しむことができる。
C	○笑顔を見せることができる。 ○いろいろな人の顔を見て、関わりをもつことができる。	○教師の歌声を聴いて表情を変化させ、顔を動かすことができる。 ○手指を動かすことができる。
D	○教師の歌声を聴いて目を合わせ、笑顔を見せることができる。	○自分から手や腕を動かし、楽器に触ったり音を鳴らしたりすることができる。

楽しむ力を育てる

2-3　授業の構成

（1）題材の選択

　生徒により音の好みや音楽に対する興味関心は一様ではないため、授業実践の中で、生徒たちが興味関心を示した音や音楽をしっかりと把握して、目標の達成に向けた題材を設定した。

生徒	音（楽器）		音楽（曲）
A	ウッドブロック(魚型) 木製の打楽器の上にギザギザの突起があり、棒でこすると「コロコロ」と柔らかくて、可愛らしい音色を聴くことができる。大小により、違った音程を聴くことができる。		「花の季節」 作詞：B.フォミーン 作曲：佐井孝彰 （特徴）テンポ速度の変化を感じやすい楽曲である。
B	オーシャンドラム ハンドドラムの中に鉄の粒が入っており、楽器を傾けると粒が転がり波打ちの音色を聴くことができる。膜が透明のため、生徒と顔を合わせて音を楽しむことができる。		「浜辺の歌」 作詞：林　古渓 作曲：成田為三 （特徴）6／8拍子でゆったりと揺れる曲想である。

C	オートハープ ボタンを押しながら弦を弾くと和音が鳴る小型ハープ。共鳴体を生徒の体に当て、音の振動を楽しむことができる。弦の幅が広く、手を当てて音を鳴らすことができる。		「夢の世界を」 作詞：芙龍明子 作曲：橋本祥路 （特徴）6／8拍子でゆったりと揺れる曲想である。
D	レインスティック 筒の中の粒が落ちていくことで、雨のような音がする楽器。筒が透明で中に入った仕切り板の間を、カラフルなプラスチックの粒が落ちていく様子を見ることができる。		「島唄」 作詞：宮沢和史 作曲：宮沢和史 （特徴）THE BOOMの楽曲をゆっくりなテンポで演奏する。

（2）授業構成

ア　全体の流れ

挨拶→始めの音楽→楽器活動→感覚活動→終りの音楽→挨拶

年間を通して取り組み、見通しをもちやすくすると同時に、安心することで楽しく自立活動（おんがく）の授業に参加できるようにした。

イ　板書の活用

（ア）　活動に見通しがもてる板書

視覚的に活動内容を伝えることで、活動内容を理解して活動に期待感をもち、笑顔に迫ることをねらう。

（イ）　動きの活動を促す板書（可動式のホワイトボード）

生徒が黒板を見るために顔を上げたり、移動したりすることで、生徒自ら動こうとする姿勢を引き出して身体を動かす場面の確保をした。

（ウ）友達とのつながりを感じる板書

友達と一緒に活動に取り組む時間であることを理解しやすくした。

ウ　教師の姿勢（手立て）

（ア）　音の発信源が視覚的に分かる工夫

・教師が音符（♪）に扮し、楽器を示した。

（イ）　音を聴いて興味関心の幅を広げる工夫

・前述の楽器の他に、教師が積極的に声を出して歌を歌ったり、ピアノやトランペット、ギターの楽器を演奏したりした。

（ウ）　身体を緩めて、リラックスできる工夫

・生徒の手、腕、足に触れて言葉かけをしたり、歌を歌ったりして、リラックスした態度で関わった。

・生徒の健康状態に合わせて、活動を休憩できるように言葉かけをした。

写真1　笑顔で楽器を持つ生徒

2-4 考察
(1) コミュニケーションについて

　コミュニケーション技能の向上では、教師の声帯に生徒の手を当て、声を振動で感じられるようにした。生徒の実態に合わせて抑揚のある声で言葉かけすることで生徒が笑顔を見せたり、声を出したりして表現を引き出すことができた。このように、教師が生徒に言葉かけをするとき「抑揚が平坦な言葉かけ」よりも「抑揚がはっきりした言葉かけ（メロディックな言葉かけ）」の方が生徒の表現を引き出しやすいのではないかと感じた。生徒とコミュニケーションを取るとき、言葉の「意味・内容」よりも「リズムと抑揚」を大切にし、音楽的要素を取り入れることの有効性を感じた。

写真2　抑揚をつけた言葉かけ

(2) 身体の動きについて

　身体の動きの改善では、楽器を演奏しようとすると身体に力が入ることが多くあった。そのため、生徒の好きな音楽やゆったりとした音楽を聴きながら体を触ったり、言葉かけをしたりしてリラックスできるようにした。マッサージをしたり、教師の歌声を聴いたりすることで、更にリラックスすることができた。反面、リズミカルな音楽を耳にすると表情を変えたり、体を動かしたりする生徒の姿が見られた。生徒の実態に合った音楽を聴き、教師も一緒に歌を歌って関わりをもつことで、笑顔を見せて表情を変えたり、手を動かしたりすることができた。楽器の演奏を通して、腕や手指の可動域や巧緻性を高めることにつながったのではないかと考える。

写真3　楽器の音色を聴く生徒

(3) ライフキャリアについて

　障害の有無にかかわらず音楽を聴いたり、歌ったり、演奏したりすることは楽しいことである。音や音楽を楽しむスキルを支援することで、生徒自身が自分や周りの人を意識することができたのではないだろうか。この授業実践で友達と一緒に楽器を演奏したことで、集団が一つになり、充実感をもつことにつながったと感じた。複数の人が共に歌ったり、演奏したりして「社会的なつながり」を実感できたことは、ライフキャリアの充実を図る上で重要な取組であったと感じた。

3 おわりに

　本実践では、音・音楽の要素を大切にした授業づくりをすることで、生徒に対する手立てやアプローチの方法をより具体化することができた。また、生徒の快の表現を引き出すことの大切さを学ぶことができた。五感を使ってさまざまな表現活動に取り組み、楽しい時間を共有できたことに感謝している。

　生徒が今後の生活の中で音や音楽に触れて、楽しみながら生活を豊かに過ごすライフキャリアの充実につながることを強く願う。

＜参考文献＞
『音楽療法の設計図　CDで聴くセッションのアイデア』二俣　泉著，春秋社
『音楽療法レッスン授業のための「ネタ帳」』the ミュージックセラピー編集部，音楽之友社
『音楽療法のためのオリジナル曲集「静かな森の大きな木」』生野里花・二俣　泉編集，春秋社
『音楽療法のためのピアノ小品集』ミッシェル・リットボルズ／クライブ・ロビンズ曲／編，ヤマハミュージックメディア
『手足の不自由な子どもたち「はげみ」No.332　特集「音楽」』，日本肢体不自由児協会
教科用図書「中学生の音楽１」「中学生の音楽２・３上」，教育芸術社
中学校学習指導要領解説（音楽編）
特別支援学校学習指導要領（総則等編）
東京学芸大学付属特別支援学校　公開講座「障がい児と音楽ⅩⅣ」
　「特別支援学校での音・音楽の役割と留意点」資料

（岡崎特別支援学校　教諭　若林　孝弘）

楽しむ力を育てる

~コメント~
　中学部教育課程C（自立活動を主として指導する教育課程）の生徒を対象とした実践です。音・楽器の音色・音楽を楽しむことを通じて生涯にわたるライフキャリアを豊かにしたいと願っての取組でした。評価の観点に「笑顔」「楽しむ」という、生徒の情動や感情に焦点を当てたことに着目いただければと思います。障害の重い児童生徒に対しても、昨今では「測定可能な」「客観的に誰もが認識できる」評価の観点が求められますが、授業の中で培われる豊かな共感的感情は複数の指導者が関わることで、「主観的である」という非難を免れるものと考えます。生徒の感情の発達にも重点を置き、客観的に測定可能な身体の動き等と併せて評価されることが望ましいと考えますし、そこにライフキャリアの視点が生きてくるのではないかと思います。

（岡崎特別支援学校　校長　吉村　匡）

III　実践編

Q 肢体不自由児・者のライフキャリアとは？

A　障害のある子どもたちのキャリア教育では、働く役割といった「ワークキャリア」だけではなく、多様な役割の充実を目指す「ライフキャリア」の視点をより重視する必要があります。障害が重い児童生徒も、キャリア教育とは無関係ではなく、むしろ障害のない人以上に、自分の生き方をデザインしていく力、自分らしく生きていく力が必要なのです。健康をベースにして、自分の気持ちを相手に伝えることができ、好きなことや楽しめることがいくつかあること、いろいろな環境を受け入れて楽に過ごすことができ、自分らしく生きていくことが、肢体不自由児・者にとってのライフキャリアであると考えます。

　本校では、卒業後によりよく生きていくためには、ライフキャリアの充実と系統的な指導・支援が必要であると考えています。ここで言うライフキャリアとは、「働く」「暮らす（生活）」「楽しむ（余暇）」「健康」の四つの力を指しています。そして、小学部段階から系統的に積み重ねながら指導をしています。

10 キャリア発達を促す系統性のある指導を目指して
~生活単元学習での校外学習において~

豊田市立豊田特別支援学校　小学部

1　実践の概要

　児童生徒のキャリア発達を考えるとき、小学部入学から高等部卒業までの12年間の発達の道筋を想定した上で、指導すべき内容を考える必要がある。そこで「児童生徒の将来の自立につながる授業改善~キャリア教育の視点から指導の系統性を考える~」をテーマに校内研究を行った。小学部・中学部・高等部の教師が部を超えて授業の具体的な指導内容について話し合い、児童生徒が卒業するまでに身に付けてほしい力について共通理解を深めることで、系統性のある授業への改善を試みた。その中で「生活単元学習」について検討したグループにおいて、抽出児童の授業実践を通して新たな観点を見いだすことができた事例について述べる。

2　実践事例

2-1　「生活単元学習」の実践を通した研究について
（1）研究内容
　生活単元学習の中でも校外学習について取り上げた。校外学習は児童生徒が日頃の学習の成果を実践の場で発揮する機会であるとともに、実践を通して学習の課題の見直しを図る機会でもある。日常生活や社会生活における基本的な知識・技能などを養うこともでき、将来の社会生活を豊かにする土台となるキャリア発達を促す学習の一つである。そこで、校外学習での指導内容の系統性について検討するために各部での対象児童生徒を抽出し検証した。

（2）卒業後の願う姿
　校外学習を通して学習したことを卒業後の生活に生かすことが重要と考え、研究対象となる児童生徒の卒業後の願う姿を2点に絞った。

> ①　デイサービスや簡単な作業を行う福祉事業所等を利用し、地域や人と関わりながら、充実した毎日を送ることができる。
> ②　支援を受けながら、社会に出てからの活動を楽しむことができる。

2-2　研究の仮説と手立て

（1）研究対象となる児童Aの実態

　系統性のある指導を行うには、小学部段階での学習や日常生活の基礎づくりが重要となってくる。そこで、先に述べた研究対象の児童生徒の中から小学部のAに焦点を当てた。

　Aは小学部2年生で教育課程B（日常生活や社会生活に必要な知識・技術・態度の習得をめざし、各教科等を合わせた指導や自立活動の学習を中心に行う教育課程）で学習する児童である。上肢、下肢のまひはあるが短い距離であれば車椅子を自力で操作して移動したり、歩行器や介助歩行で足を動かしたりすることができる。教師や友達との会話や遊びを楽しみ、うれしいときや楽しいときには大きな声を出して気持ちを表現する。人見知りがあるため、身近な教師以外に言葉をかけられると恥ずかしくて下を向いてしまうが、少しずつ顔を見て挨拶ができるようになってきた。電車やスクールバスが好きで、乗り物に強い関心をもっている。

（2）仮説と手立て

　Aの現在の実態から長期的な視点で高等部卒業後の生活を想像し卒業後の願う姿を具体的にイメージすること、中学部、高等部の校外学習のねらいを踏まえることで、今、身に付けるべき力や学習内容がより明確になるのではないかと考えた。

> **仮説**
> 　Aの今後の生活について見通しをもつことで、小学部段階での指導のねらいや学習内容が明確になるであろう。

《手立て1》
　Aが小学部段階で身に付けたい力を整理するために、現在行われている各部の校外学習での指導のねらい、今後学習する予定の内容を把握する。

《手立て2》
　Aの実態から、小学部で身に付けたい力に向けてスモールステップで目標を設定し、そこから今回の校外学習の目標を設定する。

2-3　校外学習で身に付けたい力《手立て1》

　本校における過去4年間の校外学習に関連した取組について振り返るために、単元の目標や活動内容に基づいた指導のねらいなどを書き出した「単元ピックアップ表」（表1）を作成した。さらに、単元ピックアップ表を基に各部のねらいを分類整理した「ねらい整理表」（表2）も作成した。作成する過程で指導内容を買い物、目的地に行く、乗り物に乗る、お金について、公共のマナー、安全、社会についての関心等の8項目に

分類することができた。

表1　単元ピックアップ表（一部抜粋）

表2　ねらい整理表（一部抜粋）

地域でくらす力を育てる

2-4　小学部で身に付けたい力

　中学部、高等部段階での指導内容やAの卒業後の願う姿「支援を受けながら、公共交通機関を利用して活動の幅を広げてほしい」のために、小学部の校外学習で身に付けたい必要な力は何かを考えた。

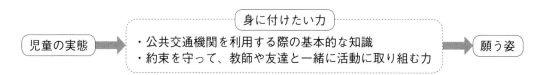

児童の実態　→　身に付けたい力
・公共交通機関を利用する際の基本的な知識
・約束を守って、教師や友達と一緒に活動に取り組む力
→　願う姿

2-5　小学部校外学習「とよたのまち探検隊」《手立て2》

（1）Aの目標設定について

　Aが在籍する学級での校外学習では「とよたのまち探検隊」として、電車を利用して最寄りの浄水駅から目的地の豊田市駅まで行き、豊田市駅構内を見たり、近くの店で買い物したりする活動を設定した。Aにとって今回の校外学習が、教師や友達と一緒に電車に乗る初めての活動だった。そのため単元の目標を生活単元学習の時間だけでなく、日常生活の中で指導したい内容も含めて設定し、学校生活全般を通して指導するように意識した。しかし、Aの実態から、先に述べた小学部の段階で身に付けたい力を習得することはまだ難しかった。ねらい整理表の作成から各部の指導内容（表3）の特徴が見えてきたのでこれを参考に、今回の校外学習の目標をスモールステップ（図1）で設定

Ⅲ 実践編

することにした。ステップ1で学校生活での基本的な約束を守る学習に取り組めるようにした。さらにステップ2では主に教師や友達との関わりに重点を当て目標設定をした。以下の表3のようにAが小学部で身に付けたい力を達成するために、日頃の学校生活の中でも安全やマナーに関することなど、段階を踏んで指導を行った。

表3　各部の校外学習の指導内容

小学部	中学部	高等部
・買い物や電車の利用方法など基本的な知識を学び、教師と一緒に経験する。	・自己選択、公共の場に適した行動をする。 ・支援を受けながら、できるだけ自分たちの力で活動する。 ・繰り返しの体験の積み重ねで、自信をもつ。	・卒業後を見据え、進路と関連付けた活動。 ・今までの知識、体験を基に、自分たちで考え活動する。 ・総合的な学習の時間と関連付けた内容。

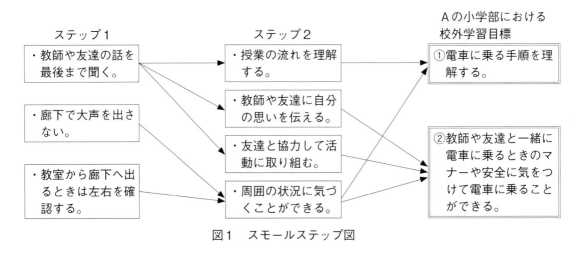

図1　スモールステップ図

（2）授業実践

　ア　「電車に乗ろう！　（駅にあるもの、電車に乗る手順を知る）」

　本学習では主にプレゼンテーションソフトとプリントを使った学習を行った（写真1）。電車の利用についての学習は、浄水駅の様子、切符を改札に入れた瞬間、浄水駅から豊田市駅までの風景などの映像を使用した。実際に利用する駅や車窓からの風景を提示したことで、校外学習に期待感をもつことができた。繰り返し映像を見たことで、児童から「切符入れるよね」「浄水駅だね」と積極的な発言が聞

写真1　授業の様子

かれた。そうした児童の発言を聞き、Aも発言をすることが増えた。授業の最後には個別に対応したプリントを使って振り返りを行った。ただ、駅に何があるかの学習では、電車に比べて関心が薄く発言回数も少なかった。

イ 「電車での約束を知ろう！（安全とマナーについて）」

安全に電車を待つための学習では、教室と廊下の境に黄色のテープを貼り、教室の扉を電車の扉に、廊下を線路、教室をホームに見立てた。そして、廊下からAの担任がマイクを使いアナウンスを再現して黄色の線の内側で待つように学習を行った。黄色い線の外側で待つと線路に落ちることを説明したが、電車の模型を乗せた台車が廊下から見えると興奮して黄色い線の近くまで行ってしまった（写真2

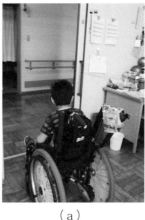

（a）　　　　　　　　（b）

写真2　黄色の線に近づいていくA

（a）（b））。繰り返し、危険なことを伝えると黄色の線から離れて待つことができるようになった。車内のマナーでは、大きな声を出さないことも学習した。学習以外の場面でも、教室移動時にはクラスのみんなと電車ごっこをしながらマナーについて学べる環境を設定した。移動中に楽しさのあまり大きな声を出すことがあったが、注意を促すと徐々に声の大きさに気をつけて話すことができるようになってきた。

ウ　校外学習での成果と課題

往復の車内では、駅に着くまで静かにして乗ることができ、帰りの車内では「浄水」のアナウンスを聞き「着いた」と教師に話すこともできた。自動改札を通るときには切符を入れようと腕を伸ばし、自分で切符を入れようとすることができた（写真3）。ホームで電車を待つとき、しっかりと線を意識して待つ場所を考えることができた。また、教師が黄色の線まで近づくと「だめだよ」と教えてくれることもあった。事後学習でも約束を守れたことや電車に乗る手順を覚えており、以上のことから今回の目標は達成することができた。

写真3　切符を入れるA

一方で、課題も見えてきた。校外学習では依頼やお礼を言うときに恥ずかしさから下を向いてしまうことがあった。校外へ出ると多くの方の支援が必要となってくる。校外へ出たときにも挨拶ができるように、顔を見て挨拶をしたり、丁寧な依頼、お礼を言ったりする練習を日々積み重ねていきたい。

3　おわりに

今回は生活単元学習の中でも「校外学習」に焦点を当てた。《手立て1》では、他部の校外学習の指導内容を踏まえて小学部での指導内容を明確にすることができた。そして、Aの願う姿や実態から小学部の段階で身に付けたい力を精選することもできた。

《手立て２》では、目標の達成に向けて、Ａの実態を考慮して校外学習に向けた学習と日頃の学習を結びつけた。授業内で自信をもって発言をしたり、率先して学級の友達に教えたりして意欲的になってきた。これら二つの手立てから仮説のとおり、Ａの今後の生活について見通しをもち、小学部段階での指導内容が明確になったことで、より児童の実態に応じた指導を行うことができたと言える。

　小学部から高等部までの12年間を通して校外学習は行われていく。校内研究において、他部の指導内容を共通理解することでより系統性のある校外学習が実践できるのではないかと感じた。さらに、指導内容について他部の教師から小学部で不足しているキャリア教育の観点があることを教えていただくことができた。また、各部で似ている指導内容もあるが、児童生徒の実態から繰り返しの指導の重要性を再認識したとの意見も聞くことができた。所属部の異なる教師が授業の具体的な指導内容について話し合ったことで、これまで気づかなかった他部の指導内容、将来像を見据えた目標や課題の設定の在り方に気づくことができた。

　現在、本校独自の「キャリア教育観点別発達段階表」を基に各単元、題材において個々の児童生徒に必要な観点を設定し個別の指導計画に記入している。研究を踏まえ、今後キャリア教育が目指す四つの基礎的・汎用的能力の視点で指導のねらいを捉え直した授業改善を図っていく。キャリア教育の視点をもちながら教師間の連携を深め、児童の実態に応じた授業づくりに取り組んでいきたい。

（豊田特別支援学校　教諭　中西　詞子）

～コメント～
　挨拶ができる、相手の顔を見ることができる、言葉や表情で相手に気持ちを伝えることができるなど、人と円滑に関わりながら生活していく上で大切な力は、キャリア発達の第一歩と考えます。一人一人の願いや実態を踏まえて、将来の生活の姿をイメージし、各部の段階で取り組むことを整理した上で、系統的な指導を行っていくことが大切であると考えます。将来、誰もが自分のもつ力を精いっぱい発揮して生き生きと社会参加していくことを願って。
（豊田特別支援学校　小学部主事　岩田　直人）

10 キャリア発達を促す系統性のある指導を目指して

Q 「キャリア教育観点別発達段階表」とは、どのようなものですか。

A 豊田特別支援学校では、自立に向けて必要とされている四つの基礎的・汎用的能力（人間関係形成・社会形成能力、自己理解・自己管理能力、課題対応能力、キャリアプランニング能力）を、具体的に細分化して捉えることで、その能力を身に付けたときの児童生徒の姿を職員間で共通理解できるようにしています。

「人間関係形成・社会形成能力」を例にして説明します。この能力をまず、①コミュニケーション力、②共同、協力して取り組む力、③他者の個性を認め、他者に働きかける力、④挨拶、清潔、身だしなみ、場に応じた言動の四つの力に細分化して捉えます。

そして、それぞれの力を身に付けた高等部卒業時の理想像を第4段階として位置付けます。そこから、その前段階を、第3段階、第2段階、第1段階として位置付けます。ただし、ここで示す姿は、ある一場面に限定した姿であり、あくまでその段階の一例を示します。それでも、本校の児童生徒の姿を具体的に想定することで、「本校の児童生徒にとってのコミュニケーション力とは何か」「どんな姿を目指すのか」「目の前の児童生徒の今の段階と、次に目指す段階はどんな姿か」といったことを共通理解する参考資料になっています。

能力		重点項目	1	2	3	4
人間関係形成・社会形成能力	人と関わり、社会で生きていく力	①コミュニケーション力	①気持ちや思いを表情や動作で表現する。（意思表示）	①身近な人に自分の思いを伝える。（意思伝達）	①相手が分かるように自分の気持ちや考えを伝える。（伝達）	①自分の気持ちや考えを適切の相手に伝える。（適切な表現）
		②共同、協力して取り組む力	②集団の中で落ち着いて過ごすことができる。（集団生活）	②集団の場で落ち着いて行動する。（集団活動）	②相手の意見を受け入れながら協力して活動する。（ゆずり合い、話し合い）	②相手や周りの状況を理解して、協力しながら活動する。（場に応じた行動）
		③他者の個性を認め、他者に働きかける力	③身近な人と落ち着いて過ごすことができる。（安心）	③友達と仲良く遊んだり、学習したりする。（友達関係）	③相手の気持ちを考え、思いやりをもって接する。（手伝い、手助け）	③相手の立場になって考え、行動する。（配慮）
		④挨拶、清潔、身だしなみ、場に応じた言動	④挨拶をされると表情や声や体の動き等で返す。（応答）	④挨拶やお礼をする。（挨拶、おれい）	④社会的マナーを身につけて行動する。（挨拶、返事）	④相手や場面に応じて適切な行動や言葉遣いをする。（敬語）
			④手洗い、歯磨きなどを抵抗感なく受け入れる。（健康維持）	④手洗い、歯磨きなどを行う。（生活習慣）	④手洗い、歯磨きなどをすんで行う。（身だしなみ）	④清潔、身だしなみに気を付ける。（清潔感）

「キャリア形成のための発達段階表」（豊田特別支援学校）より抜粋

※発達段階表は、愛知県の多くの肢体不自由特別支援学校で独自に作成し、個別の指導計画の目標設定などに活用されています。

Ⅲ　実践編

11　教育課程Ａにおけるキャリア教育の実践
～職場体験の実施に向けた授業改善～

愛知県立一宮特別支援学校　中学部

1　実践の概要

　教育課程Ａ（中学校の当該学年あるいは下学年の各教科や領域に加え、自立活動の指導を行う教育課程。通称『Ａスタディ』）で学習する中学部３年生を対象に、愛知県が行っているキャリア教育推進モデル事業内のチャレンジ体験推進事業（職場体験）の取組について紹介する。

2　はじめに

　本校では、キャリア教育の目標を「ライフステージや発達段階に応じて役割を果たすことで、生きる力を身に付け、社会参加や自立、豊かに生活する力を育てる」と設定し、進路の選択肢を拡大しながら将来の社会生活や就労に向けての社会性や職業観の形成を目指し、各部で段階を踏みながら教育活動全体を通して指導を実施している。個別の教育支援計画を基に、本人及び保護者の願いや展望、自立活動の目標などを踏まえた上で、個別にキャリア教育における四つの観点別の「身に付けたい力」を策定し、各部のキャリア教育の目標に沿って授業を展開している。また、毎学期ケース会を開き、学習の様子や達成状況などを報告し合ったり、職員間の共通理解や意見交換を行ったりして、指導方法の改善や目標の修正を行い、より効果的な指導を常に目指している。
　中学部では、就労に向けた取組として、進路選択の拡大を促しつつ、挨拶や言葉遣い、継続して働く姿勢といった職業観や勤労観を培い、完成品を鑑賞したり手渡したりすることで仕事へのやりがいを見いだすことに重点を置いた指導を行っている。ここでは、Ａスタディにおける職場体験の取組について紹介する。

3　中学部のＡスタディにおけるキャリア教育

3-1　キャリア教育の展開

　キャリア教育の一環として平成23年度から実施している職場体験の活動は、「総合的な学習の時間（週２時間）」を利用して行っている。この時間は、１～３年生のＡスタディが合同で実施したり学年別で学習したりできるように、同じ曜日の同じ時間に２時間連続で設定されており、柔軟な授業展開が可能である。平成26年度中学部Ａスタディ

で学習する生徒は、2年生3名、3年生3名の合計6名である。知識も豊富でお互いの意見を尊重し合いながら活動できている。しかし、身体的な障害により行動に制限が加わることで、"実体験が伴わない机上の知識"と感じる発言も多い。このような生徒たちが自身の将来設計を現実問題として捉え、職業観や就労意識をどのようにしたら育んでいけるのかを課題として授業改善に取り組んだ。

3-2 年間指導計画の内容

生徒への職業アンケート等を実施したところ、現実離れしていたり抽象的であったりと、職業意識が希薄な結果であった。また、職場体験の対象である3年生は、実施の前後だけ別立てで活動を行っていたため、職業観や就業意識の定着が難しいといった面があった。社会的な経験不足からくる社会との距離感の払拭と、進路を意識した継続的な指導を行う必要性を感じ、全学年を通じて系統的な進路学習を行っていく方向で年間指導計画を立てることとした。まず自己を見つめて現実を考えること（自己確認）から始め、徐々に社会とのつながり（職業観）を知りながら、職業体験（職場体験）を通して就労意欲を高め、その上で将来像を考えて行動できるように（将来観）、3年間かけて実施と検証を繰り返し学習できる体制を考えた（表1）。このプログラムに沿って授業実践をした後、今年度の職場体験を実施した。

表1　キャリア教育の年間指導計画〔【内容】と《目標》〕

	区分＼学年	3 年 生	2 年 生	1 年 生
1学期	自己確認	【自分とは】：何が好き？何ができる？　→《自己分析をして存在を意識》 【人から見たら】：友達から良い点を指摘　→《新たな自分を知る》		
1学期	職業観	【職業アンケート】：希望職種と理由、働くのに必要な条件の記入　→《職業目標をもつ》 【職業ビデオ】：「生き方メッセージ」等で職種の内容を知る→《職業選択肢の拡大》		
夏休み	職場体験の実践	【計画】：希望職種を考慮した体験内容 【準備】：「職場体験日誌」、業務予習 【実践】：問題解決しながらの業務体験 →《就業意欲の高まり、未熟点の認識》	職場体験日誌	
2学期	将来観 （将来に向けて）	【職場体験報告会】：実践報告　→《自己職業観の深化、後輩の職業意識の拡大》 【生活地図】：医療、外出、余暇、地域等とのつながりを図式化→《社会との関係を認識》 【将来の生活地図】：生活地図に加え、進学・就労先、取得免許・資格等 福祉サービス利用等を記入　→《自立を意識化》		
3学期		【面接体験】：面接練習、願書・履歴書の記入練習　→《進学や就職を意識化》 【サポートブック】：自己情報を端的にまとめる→《自己理解の深化、万が一への備え》		

4　職場体験の実際

今年度始めに行った生徒への職業アンケートの結果、希望職種に変更はなかったが、「接客体験がしてみたい」「パソコン入力なら介助を頼らなくてもできるので…」「手作業ならできるかな…」など、自己を認識した上で将来の職種や得意分野を考えた具体

な体験希望が聞かれるようになった。生徒の希望業務がはっきりとしたことで、受け入れ機関にも具体的な業務を依頼でき、体験主体の内容に変化させることができた。実習場所は、立地場所・業務内容・受け入れ態勢・以前からのつながりなどから、一宮市役所と一宮市立中央図書館で行うこととした。

4-1　【一宮市役所】（1日目午前中）　指導：市役所職員

各課の説明を受けながら新庁舎内を見学した。情報公開の方法等を知ったり、議場見学時に市長席から答弁体験を行ったりしたことで、行政や政治への関心も高まった。市役所の仕事の多さと深さを知り、困惑した表情も見られたが、質疑応答では事前に考えた質問事項だけではなく、見学しての疑問点を積極的に聞き、バリアフリーの状況を自分たちの目線で報告することもできた。市役所の仕事に興

写真1　市議会議場見学の様子

味を抱き、採用や受験資格、障がい者採用枠などの具体的な質問もなされ、急きょ市役所職員採用要項を準備してもらう場面もあり、就業意識の高まりを感じ取ることができた。

4-2　【一宮市立中央図書館】（1日目午後・2日目全日）

（1）蔵書本修理の疑似体験（メモ帳作り）　指導：ボランティア団体

破損図書の修理方法と同様の技法でのメモ帳作りを、できるだけ自力で挑み、手助けが必要なときのみ自ら依頼するという共通理解の下で行った。「分からないことはすぐに聞くこと」「無理をせず介助依頼をすることが間違いや失敗をなくす一番の方法だと分かった」など、実体験からしか得られない感想が聞かれた。会話をしながら作業をする中で、社会とつながりをもつことの大切さや必要性を感じ取り、無報酬ながら働く意味を理解していった。

（2）図書館業務体験（受付業務・蔵書本情報の入力業務）指導：図書館職員

　ア　受付業務

図書の貸し出しや返却の対応を通しての接客業務を体験した。図書館職員との接客体験後単独で業務を行った。基本の応対をこなさなければという意識から緊張した表情であったが、数人の応対ができると笑顔も見られるようになった。来館者からの突然の質問には職員に確認してから答え、余裕がもてると同じ業務の友達を気遣う姿も見られた。さまざまな人との応対を行う中で、「"幅広い知識"や"臨機応変な対応力"の必要性を感じた」という、実務を行ったからこそ得られた現実的な感想も聞かれ

写真2　図書受付業務の様子

た。

イ　蔵書本情報の入力

　書名、著者名、配置場所などの基本情報を入力してバーコードをプリントアウトする業務を体験した。要領を得るとより効率的な入力方法を提案するなど、得意分野を生かそうとする意欲が見られた。また、業務を通して入力ミスが図書館業務全体に及ぶ責任を認識し集中して業務を行った。予定をはるかに超える冊数の入力を行えたことで実務処理への自信が深まり、他の業務内容を質問する姿も見られた。

写真3　蔵書本情報入力の様子

ウ　館内見学、質疑応答

　本の検索を実際に行ったり利用者の趣向を考えた施設配置や本の配置順などの説明を聞いたりする中で、図書館への関心が高まり、職業としてだけではなく余暇の活用の面にも視野が広がった様子であった。質疑応答では、事前に提出した質問への回答以外に受付業務で困った体験内容や本の購入や寄付元など、体験を通しての疑問点を意欲的に聞くなど、質問内容に深みが感じられた。また、ここでも図書館に就職するために必要な資格や条件などの質問がなされ、就業意欲の深化も感じ取れた。

5　事後指導（職場体験報告会）

　紙面にまとめて発表する形式を一歩進め、パソコンでパワーポイントを使った発表を行うことにした。パソコンに不慣れな生徒もいたが、会社でのプレゼンの例を紹介することで興味を示し意欲的に取り組むことができた。最後の画面には、"職場体験を行って就業に必要だと感じた三つの要素を提示する"という共通課題を設定した以外は、個別に発表したい体験内容と伝えたいこと

写真4　職場体験報告会の様子

を文章化し、写真等を効果的に配置しながらまとめた。互いの内容を確認し合って制作したわけではなかったが、三人が共通して最後の場面に提示したのは、「笑顔」「コミュニケーション力」の2項目であった。その他に、広い知識、冷静な対応力、必要な介助依頼の大切さなども挙げられた。実体験を通じて感じ取ったこのような感想は、生徒の就業に対する意識改革や意欲の向上の表れであり、後輩にとっては職業への関心の高まりにつながったと感じる。

6　おわりに

　職場体験の報告会後、再度将来の生活地図の記入を行ったところ、漢字検定や英語検定への挑戦、パソコンや英会話教室などの受講、自動車免許の取得、職業訓練校への興

味、福祉サービス利用などの記入が増え、自立した生活に向けての意識の高まりを感じ取ることができた。自己の身体状況や性格などを自己理解した土台の上に、進路学習を通して培った職業観や、職場体験から得た就業意欲や自信が育まれ、より現実的な目線で将来を考えられるようになった。生活地図の記入欄が狭くなっていく状態を確認することで、自身と社会とのつながりがより深まったことを実感できた様子であった。報告会後に「将来を真剣に考える機会がもててよかった」という感想が聞かれるなど、有意義な取組となったことを実感できた。

　職場体験の実施に向けて、実践体験の機会を多くしたり、主体的な活動を積み重ねたりできるように授業改善をしたことで、職業観が広がるとともに就労意欲の高まりを感じることができた。社会経験が希薄な生徒の職業体験は、3年間で一度というものではなく、職種を替えながら毎年継続して行うことが職業意識の向上につながる。そのためには、体験場所の確保や理解、教職員の対応力向上が不可欠になってくるのではないかと考える。

　最後に生徒Aの生活地図の記入例を紹介して報告のまとめとする（図1）。

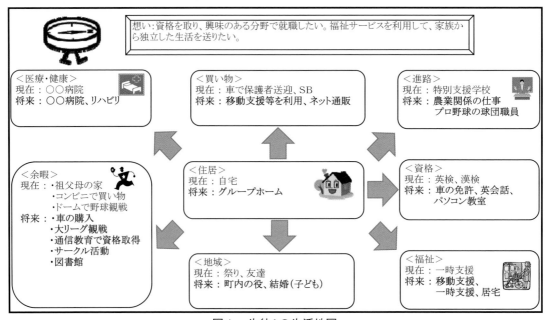

図1　生徒Aの生活地図

＜参考文献＞
・『ICF（国際生活機能分類）活用の試み』　ジアース教育新社　（2005年）

（一宮特別支援学校　中学部　教諭　小川智裕）

11 教育課程Aにおけるキャリア教育の実践

地域でくらす力を育てる

~コメント~
　本校では、キャリア教育の一環として行われているチャレンジ体験推進事業（職場体験）を総合的な学習の時間に位置付け、一宮市役所と一宮市立中央図書館の協力を得て実施しています。社会生活を見据えたとき、生徒たちには経験不足から、実体験が伴わない机上の知識、職業意識の希薄といった課題があり、職業観・就労観を育む必要性を強く感じてきました。キャリア教育の観点について策定した、一人一人の「身に付けたい力」をどのような手立てで押さえていくかが重要になりますが、生徒の学習を具体的にイメージし、授業内容の検討と実習先との綿密な打合せを行ってきました。職場体験の学習を終えた生徒からは自己の適性に気付いたことの他に、自分にもできる仕事があるという喜びが伝えられ、就業意欲や自信が育まれたことは指導者としての喜びでもあります。社会の中で一人一人の「身に付けたい力」が達成されていく大切さを感じ、今後もキャリア発達を踏まえた指導を進めていきたいと思います。
（一宮特別支援学校　中学部主事　太田充雄）

Ⅲ　実践編

Q 中学部段階で職場体験をするチャレンジ体験推進事業にはどんな意義がありますか？　また、実習先の選定はどのように行っていますか？

A 中学部段階で職場体験を実施することは、将来の就業を現実的に意識できる機会として重要な取組だと感じています。特に肢体不自由の特別支援学校の生徒は、動きに制限が加わることで社会経験が希薄になる傾向があります。また、障害を有しながら就業するためには、早い時期から職業観をもって就業に向けた取組を始めなければなりません。早い段階で職場体験を行うことは、生徒の社会観の拡大と将来の自立した生活を現実的な目線で考える機会としてとても重要な位置を占めていると考えます。現状では中学部生活で一度だけの実施ですが、職種を変えながら毎年実施することができると、職業観や就業意欲がより高まると思われます。

　実習先は、以前から校外学習等でつながりがあった市役所と図書館にお願いしています。見学中心から体験を主体とした内容に変更するために、業務内容と生徒の身体状態とを照らし合わせ、できるだけ自力で取り組める業務を行えるように検討を重ねた上で実施しています。各生徒の特性と職業観に合致した職種を考慮して体験先を探すことは難しいですが、中学部段階でもあるので、どのような職場に行っても、共通する大切なものを学ぶことができるのではないかと思います。今後もより生徒の実態に即した体験先の拡大を図っていきたいと考えています。

自分らしい生き方を実現するために
~主体的な行動を高めていく支援を通して~

愛知県立港特別支援学校　中学部

1　実践の概要

　本校中学部では、生徒一人一人が自分らしい生き方を実現していくための教育活動を推進している。キャリア教育の視点で教育活動を見直していく中で、自分らしい生き方を実現していくには、今をよりよく生き、自分の人生に夢や希望がもてること、主体的に行動する意欲や習慣を身に付けることが大切であると考えた。そのために重要だと思われる教育活動を大きく四つに整理した。これらの活動を単元構成や授業構成に組み込み、活動内容や支援方法を見直しながら検証と実践を繰り返すことで生徒自身が主体的に行動できるようになっていくのではないかと考えた。

　ここでは教育課程Ⅰ（準ずる教育課程）の総合的な学習の時間、教育課程Ⅲ（知的代替の教育課程）の作業学習において、授業改善を行ってきた事例を紹介する。

```
より主体的に行動できる生徒の姿
（自分らしい生き方の実現）

① 考えたり判断したりする思考を伴う活動
② 自分でやりきろうとする意欲が伴う活動
③ 自身への振り返りと言葉による表現活動
④ 自分で行動をよりよく改善していく活動

これまでの活動内容及び支援方法の見直し
```
（↑ 主体的な行動を高めていく支援）

2　実践事例

2-1　作業学習での取組

　作業学習では、生徒が3班に分かれて紙すきではがき作りを行っている。紙すきは、牛乳パックのラミネートフィルムはがし、紙ちぎり、紙や水の計量、ミキサーかけ、型枠での紙すき、水分絞りなど、工程を細分化することで幅広い実態の生徒たちに合わせて作業内容を設定できている。班長を中心に言葉をかけ合い、協力し合う中で一人一人が自分の役割を果たしている。

(1) 自分で判断したり、最後までやり通そうとしたりできる支援の改善
　　－「終わり」のタイミングを判断できるようにタイマーを活用する－

　生徒Aはミキサーを担当する場面では、教師の「スタート」の合図でスイッチを入れ、「ストップ」の合図でスイッチを切ることができた。しかし、教師が離れると作業の手は止まってしまっていた。そこで、支援を見直し、タイマーを活用した。生徒は、ミキサーのスイッチを入れた後でタイマーのスタートを押し、「ピピピ」とタイマーが鳴ったらミキサーのスイッチを止めることができるようになり、スタートとストップを自分で判断できるようになった。また、紙をちぎる場面では、2、3回ちぎると手が止まってしまっていた。そこで、細かく区分けされた箱を準備し、一つの枠に一

写真1　ミキサーかけ

つずつちぎった紙を入れ、すべての枠に入れ終わったら教師を呼ぶようにすると、すべての枠に入れるまで手を休めなくなった。しかし、入れ終えると手が止まってしまうことが多かった。そこで、箱に入れ終えたら教師を呼び、シールを1枚ずつ貼る支援を加えた。「シールを10枚貼るまでがんばる」と作業目標がもてるようになると、手が止まることが減った。作業の始まりと終わりを自分で判断できるように支援方法を改善することで、最後までやりきる意欲が高まった。

(2) 教師の言葉かけによる支援の改善
　　－自分たちで考え、判断する過程を大切にする－

　生徒たちは分かっていることでも教師に確認をしてから行動に移す場面が多く、活動中、常に教師を呼ぶ声が飛び交っていた。教師も「それでいいよ」「ちがうよ、○○だよ」と答えていた。そこで、生徒の主体的な行動を引き出す支援のあり方を見直した。作業の手が止まっている生徒には、「次は何をするのかな」と言葉をかけた。確認を求める生徒には、「自分はどう思うのかな」「友達や班長に聞いてみたらどうかな」と、自分たちで考えたり、判断したりする言葉かけを行った。その結果、指示待ちや確認待ちをしている生徒が減り、自分で解決しようとする姿が増えた。また、自分で判断して作業が進められるようになると自信をもって取り組んでいけるようになった。教師を呼ぶ声も減り、以前よりも作業に集中できるようになった。

(3) 振り返りや評価の言語化
　　－自分たちで評価する過程を大切にする－

　作業学習では、授業の最後に作業を振り返り、発表する機会を設定している。班長が作業開始前に決めたその日の目標とそれに対する評価、課題や次回の目標、班員の様子などを発表する。ここでは、班長の発表についての意見や補足を班員に求め、多くの生

徒が意見を発表する場を設定した。発表中は教師の助言を最小限にしてじっくり待つことで、自分の言葉で発表しようとする意欲が高まってきた。毎時間、目標に対する班長の評価を聞くことで目標を意識する生徒も増え、作業意欲の向上につながっている。また、自分たちで「次はもっと薄いはがきを作りたい」「次はもっと多くのはがきを作りたい」など、作業の質を高めようとする主体的な取組につながった。さらに、

写真2　班別での話し合い

がんばると「今日は○○さんがとてもがんばりました」と班長に発表されることもあり、役割を認めてもらえる達成感につながった。

(4) 体験活動の充実と体験後の振り返りの充実
　　－働く姿をイメージできるように見学及び実習体験を行う－

　作業技能を高めるだけでなく、働く意欲を高めることが重要であると考え、数年前から就労継続支援事業所への見学を年一回実施している。先輩たちの働く姿を見ることは、あこがれや希望をもって自分の将来を考えるよいきっかけになっている。さらに、平成25年度からは簡単な実習体験も行っている。必要な補助具を作成し、実習内容を学校で事前に練習することで当日の集中力や達成感につながった。また、見学や実習の振り返りでは、気づいたことや学んだこと、これから頑張りたいことなどを言語化した。「片手でもミシンを上手に操作していてすごいと思った。自分もがんばりたい」「初めは難しかった実習も少しずつこつをつかんで上手にできるようになった」という意見から、自分にもできるかもしれないという希望や目標につながったと感じられた。また、「班長として手本となれるようにがんばりたい」「自分でできる作業を増やしたい」など具体的な目標を言葉にしたことで授業への意欲が高まったといえる。

  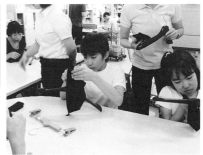

写真3　作成した補助具　　写真4　缶へのラベル貼り体験　　写真5　ハンガー磨き体験

2-2　総合的な学習の時間での取組

　教育課程Ⅰでは、総合的な学習の時間を週に1時間行っている。多様な意見の中で自

分の考えを深めることをねらい、基本的に3学年合同で行っている。生徒たちの多くは、将来について漠然とした夢はもっていても具体的に聞いていくと、「自分に何ができるか分からない」と不安を口にすることが多かった。

（1）生徒自身の夢や憧れから出発する学習活動
　ア　目指したい姿を具体的にイメージできるように
生徒自身の夢を出発点にした学習を展開すれば、生徒がより主体的に行動できると考え、「夢をかなえるマイステップ」と題した学習活動を行った。初めに自己紹介パンフレットを作成、発表し、自己理解を深めた。次に、自分の将来の夢をかなえるためのステップを考えて発表した。「海外旅行に行きたい」「ペットショップで働きたい」などの夢に対して、その実現に向けた最初のワンステップは「バスや地下鉄を使って出かけたい」という生徒が多かった。そこで、公共交通機関に関する調べ学習や可能な限り生徒たちの力で出かけていく校外学習を実施した。切符を買い間違えたり、バスターミナルで目的のバス停を見つけるのに時間がかかったりしたが、友達と話し合ったり、駅員に聞いたり、近くにいる人に尋ねたりすることで自分たちの力でやりきることができ、自信につながった。

写真6　ワークシート例

写真7　バス停を探す生徒

写真8　時刻を調べる生徒

　イ　先輩の姿を知り、希望をもって自分の将来を考えることができるように
　　その後、次のステップを考えたが、具体的に自分が何をしたらよいかアイデアが出てこなかった。そこで、先輩たちが自己実現している過程を知ることが重要ではないかと考え、卒業生の手記が紹介されている冊子（愛知県肢体不自由児協会発行）を活用した。施設見学の目的地として予定した事業所で働いている方の手記を含め、どの手記にも失敗や挫折をしながらもあきらめず、周囲の協力を得ながら自己実現していく様子が書かれていた。手記についての感想を発表し合う中で、実際に会って働いている先輩方の姿を見てみたいという意見も出て、施設見学への意欲や関心も高まった。当日は見学だけでなく、実際に行われている作業などの実習体験も行った。
　　これらの取組をとおして、生徒たちはそれぞれの夢につながる新たなステップを自分

で考えて挑戦できるようになった。「先輩の姿勢よく仕事をする姿が立派だった」と感じた生徒は、自立活動の時間に姿勢保持力向上のための活動を自ら加えた。「納品の期日が少し遅れただけで次の依頼がこないことに驚いた。守られた学校よりも社会は厳しいことが分かった」という生徒は、提出物や宿題の期日を守る意識が高まった。先輩のように一人暮らしを目指したいと考えた生徒は、夏休みに家族の昼食作りに挑戦することができた。

(2) こうなりたいという自分を見つけ、今できることの質を高める学習活動
　ア　就労を目指すために必要な力を具体的に知ることができるように

　教育課程Ⅰにおいても、就労継続支援事業所や生活介護事業所への見学及び実習体験を毎年実施している。障害の状態に応じて必要な支援を受けながら作業能力や作業量に応じた賃金を得る就労形態に魅力は感じても、より待遇のよい一般就労を目指したいと考える生徒も少なくない。一般就労で求められる職業能力や生活自立のレベルは高く、自分でできることの質を高めていく必要があるが、どの程度のことが必要か具体的なイメージは十分できていなかった。そこで、愛知県が行っているチャレンジ体験推進事業を活用し、中学部３年生は特例子会社の見学と簡単な実習体験を行った。この経験を通して生徒は、作業や挨拶はできればよいというだけではなく、「仕事」として求められる精度や速さ、完成度の高さがあること、その重要性に気づいた。この気づきが今後の主体的行動を高めていく意欲につながっていくことを期待したい。また、十分に会話ができなかったことや自分の意見をうまく話せなかったことを悔しそうに話す姿が印象的だった。

　イ　「コミュニケーション力」を高めることができるように

　校外での体験活動がきっかけとなり、自分の意見をしっかり伝えたいという意欲の高まりが感じられた。そこで、ハローワークが行っている職業意識形成支援事業を利用し、外部講師を招いて「聴き上手、伝え上手になるためのコミュニケーション術」という講話を行った。笑いあり実習ありの巧みなコミュニケーション術に引きつけられた生徒たちは、受動的に聞くだけでなく、自分に照らし合わせなが

写真９　コミュニケーション講話

ら今よりもコミュニケーション上手になるには何に気をつけたらよいか、それぞれが考えることができた。「挨拶は自分から先にすることが大切だと分かった。自分から言えるようになりたい」「相手の様子に合わせて聞くことがよい人間関係につながると分かった。できるようになりたい」「実習や講話の中で話せたことや褒めてもらえたことで自信がもてた」など外部講師から学ぶことでより自信をもって明確な目標をもつことができ、意欲的に自己表現しようとする態度に変わった。

Ⅲ　実践編

　翌日から挨拶する姿勢がよくなったり、自分から先に挨拶しようとしたりしてすぐに実践する生徒が増えた。また、学校行事や校外での活動場面においても姿勢よく自信をもって堂々と話したり聞いたりすることができるようになってきた。

写真10　相手の良い所を伝え合う実習

3　おわりに

　実践を通して、生徒自身が「こうなりたい」と願う姿を具体的にイメージできることがそれを実現するための行動意欲につながると実感できた。また、「生徒が何をできるようになるか」ということよりも「生徒が主体的に行動しようとできているか」という視点で授業改善を繰り返すことで教師の言葉かけや支援方法も変わってきた。これらの結果、生徒たちが主体的に考え、行動していこうとする意欲が高まり、学習グループ全体が主体的に行動しようとする雰囲気に育っていった。

　今後は、生徒の主体的な行動が学校生活全体、家庭生活、地域生活、社会生活へと広がっていくようにキャリア教育の一貫性や継続性を高めていきたい。

　私たち教師も保護者も生徒一人一人に「より自分らしく、より幸せな人生を送ってほしい」と願っている。しかし、その生き方を実現させていく主体は、教師でも保護者でもなく生徒自身である。今回の実践が、生徒自身が自分らしい生き方を実現させていく力を高めていく一助となるとうれしい。

<参考文献>
『キャリア教育を取り入れた特別支援教育の授業づくり』上岡一世著、2013年、明治図書
『実践キャリア教育の教科書』菊地一文編著、2013年、学研教育出版
「あゆみ」愛知県肢体不自由児協会発行、2013年

（港特別支援学校　教諭　田口　京子）

～コメント～

　中学部では、3年間をかけて生徒自身または生徒同士で主体的に行動できることを目指し、継続した指導を行っています。キャリア教育の視点を取り入れ、四つの活動に着目してより主体的に行動できるための支援を行ったことで、生徒たちは自分で気づき、自分を変えていくことができたと思います。思考判断する機会を増やし、最後までやりきろうとする意欲を高めること、夢や希望をもって今できることを高めていくことなど、発達段階に応じて主体性の高まりを目指すことが大切であると実感しています。

（港特別支援学校　中学部主事　倉知　利勝）

13 中学部の作業学習における授業改善
~成功体験を積み重ねる授業を目指して~

愛知県立ひいらぎ特別支援学校　中学部

1 実践の概要

　各教科等を合わせた指導である「作業学習」は、教育課程B（知的障害を併せ有する生徒の教育課程）の内容を学ぶ生徒にとって、キャリア教育における指導の柱の一つとなる学習である。作業学習は技能の習得や向上だけが目的ではない。「できた」ことが、他者から適切に評価されることで成功体験となり、その積み重ねが意欲の高まりにつながる。意欲こそが、生徒が自分らしい生き方を実現していく過程で最も大切な原動力になると考え、授業実践に取り組んだ。

2 実践事例

2-1 はじめに

　中学部教育課程Bの内容を学ぶ生徒たちが、将来職業生活や社会自立に向けて必要な力を身に付けていくためには、様々な体験活動を通して、社会生活に結び付くような学習を実践していくことが大切である。各教科等を合わせた指導（以下「合わせた指導」とする）は、本生徒たちの社会生活に直結する学習であり、柱となる授業である。
　本校の合わせた指導には、「日常生活の指導」「生活単元学習」「作業学習」の三つの形態がある。その中でも「作業学習」は生徒の働く意欲を培い、将来の職業生活や社会自立に向けて必要な力を高めることを意図するものである。作業学習は、本校高等部においても教育課程に位置付けているが、キャリア発達の視点から、中学部における作業学習の在り方について検証する。

2-2 仮説

　作業学習は、職業生活や社会自立に向けて必要な力や意欲を培い、生活する力を高めるために有効な学習である。中でも中学部段階で特に重要となるのが「意欲」を培うことであると考える。一年次のアクリルたわし作りを通して、作った製品が他者からよい評価を受けたことで、生徒たちは達成感や成功体験を味わい、自信を深める経験を積み重ねてきた。その達成感や成功体験は、作業学習に対する意欲をさらに高め、作業技能はもちろん、生徒自らが課題を解決しようと工夫する姿勢も身に付けることにつながっ

た（図1）。

二年次の作業「刺しゅう」は、アクリルたわしの製作に比べ難易度が高く、行っている活動と出来上がる製品のイメージがつながりにくい。しかし、生徒たちはこれまでの学習を通して、「できる」ことを経験している。やや難易度の高い作業内容を設定しても、補助具や環境設定等の工夫、適切な支援や評価によって、高い意欲をもって作業に取り組み、達成感や成功体験を味わうことができるのではないかという仮説を基に授業改善を行った。

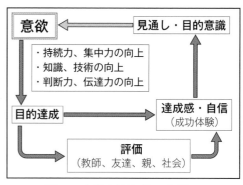

図1　意欲と評価等の相関図

2-3　本校の作業学習について

本校中学部の作業学習は、1年生が「アクリルたわし」、2年生が「刺しゅう」、3年生が「メモ帳」に取り組んでいる。各学年で作業内容は違うが、作業学習全体のねらいを、「自分で判断し、できることは自分で行い、主体的に作業に取り組む」とし、自主性を育み、意欲をもって活動する取組を目指している。

また、中学部段階の作業学習として、働くための技能や能力の育成を重視するのではなく、様々な作業内容や活動を体験して「働く」とはどういうことなのかという意識を育むことや、「自分にもできる」という自己肯定感を養うことを重点的に考えている。

さらに、「同じ流れを繰り返すことにより生徒の意欲を向上させ、より主体的に学習に取り組むことができるのではないか」という観点から、作業学習は図2に示すとおり、毎年同じ流れで展開できるように心がけている。

① 挨拶
② 作業内容の確認
③ 目標の確認
④ 作業学習心得唱和
⑤ 作業
⑥ 反省
⑦ 挨拶

図2　作業学習の流れ

2-4　実践と考察

（1）対象生徒Aの実態

〈身体・動作〉
・短距離であれば車椅子を自走できる。
・右手が利き手。左手は力が入りにくいが軽い物なら握ることができる。

〈対人関係、コミュニケーション〉
・簡単な単語をつなげて思いを伝えることができる。
・繰り返し経験していることなど、自信のもてる内容は積極的な発言が多く見られる。

〈健康〉
・大きく体調を崩すことはなく、ほとんど欠席をすることはない。

〈学習〉
・『はらぺこあおむし』などの絵本では登場人物や大まかな粗筋を理解できる。
・20くらいまでの数字を数唱できる。
・苦手な活動は集中力が途切れやすい。

（2）一年次の作業学習
ア　「一人でできる」を目指して

　作業学習は、中学部に入って初めての学習となる。そこで、作業手順が単純で分かりやすい「アクリルたわし」を作業内容として設定し、生徒が作業に取り組みやすくした。

写真1　糸巻きの教具

工程は、生徒の実態を考慮し、「糸巻き」と「編む」の二つの分業制とした。

　Aがまず取り組んだ「糸巻き」グループの生徒たちの大半は、これまで「教師と一緒」に活動したことは「自分でしたこと」であり、教師と一緒に活動することが当たり前であった。教師の手を借りず、一人でやり遂げる方法はないかと教具の工夫と改良を重ねていった。（写真1）この教具を使い、作業にも慣れてくると、教師の支援がなくても一人で作業を完了することができるようになり、作業内容も短時間でクリアできるようになっていった。

　Aは自分一人で「できる」ことが分かると、集中して取り組めるようになり、糸が巻き終わると得意気に「できました」と大きな声で報告するようになった。続けていくうちに、「糸を巻く」という活動を理解し、「できることが楽しい」「もっと褒められたい」という思いや、教師が自分のしたことを評価してくれることが、Aの活動に対する自信へとつながり、一人で活動に取り組む時間が少しずつ増えていった。

イ　新しい工程へ

　毛糸の糸巻きが一人ででき、少しずつ高い目標も達成できるようになると、Aは他の生徒が行っている編む作業にも興味をもち始めた。編む工程はより細かい動作を必要とする活動であり、他の生徒と同じ道具を使っても、毛糸が外れてしまい思うように作業が進まないことも多かった。そのため、Aの手の動きから毛

写真2　補助具の工夫

糸を編みやすいようにリングをつけた洗濯バサミを使ったり、編み機から糸が外れないようにピンをつけたりするなど、Aが作業を進めやすい環境を整えた。（写真2）

　A自身もどのようにしたら作業をしやすいか、いかに速く作業できるかを考えるようになり、編み機が浮かないように左手で押さえるなど、自分から工夫する姿が見られるようになった。それまでも、どんな場面でも積極的に取り組む姿は見られたが、作業学習に対する意欲が考える力や行動にまでよい影響を与える結果となったと考えられる。教師が生徒の作業しやすい環境を整えることは大切である。しかし、完全に整えてしまうのではなく、少しがんばったり工夫したりすれば乗り越えられる程度の困難さが、生徒の考える力を引き出すことにつながることを実感することができた。

ウ 他者からの評価

作業学習は製品を作ることだけが学習活動ではない。これまで製作したアクリルたわしをPTAバザーに出品した。値段も生徒たちが決め、袋詰めや値札付けも自分たちで行った。また、3学期にはお世話になった方々にプレゼントすることを企画し、地域の施設へ実際に出向き、製品を手渡した。

自分で作ったものがバザーで売れたり、贈った相手に感謝されたりといった経験は、生徒にとって何よりの「評価」である。自分たちの活動が認められたということを強く感じ、製作することの楽しみや作業学習への意欲をさらに高めることにつながった。

（3）二年次の作業学習
ア 作業内容の設定と作業環境の整備

2年生の作業学習では、「刺しゅう」を作業内容として設定した。刺しゅうは「針を布に刺す」だけで今の活動がどう形になるのかをイメージしにくく、生徒が意欲的に活動できるかやや不安があった。しかし、「アクリルたわし」作りを通して得た経験からAにとって、作業学習はどの授業よりも楽しい学習活動であったため、刺しゅうにも意欲的に取り組むことができた。

「刺しゅう」では針を使用する。刺しゅう針は縫い針に比べ、太く長いものではあるが、緊張が強く、手指の動きに困難さのあるAにとって針を持つことは難しいと思われた。そのため、持ちやすい太さの補助具を考え、そこに糸を通した針を差し込むことで、一人で針を使用できるようにした。また、平面では注視しにくいことや手の動きを踏まえて、傾斜をつけて枠を置くようにし、小さい動きでも布に針を刺すことができるようにした。

イ 自分で判断する

Aの意欲は高かったが、「褒められたい」という意識ばかりが先行してしまい、初めのうちは布に針を刺すだけで「できました」と報告し、教師が確認してみると印から大きくずれていることが多かった。

「アクリルたわし」の製作以上に、「刺しゅう」では「正確性」が仕上がりを左右する。自分の作ったものが人に喜ばれることを経験したAに、ただ作るのではなく「人により喜んでもらえるもの」とはどのようなものなのかを考える機会を設け、正確に刺すことの大切さを伝えた。そのための視覚的配慮として、布の印を見やすい色に変えたり、ポイントの間隔を広くしたりした。（写真3）

写真3　作業の様子
（ししゅう）

きちんと印の中に刺すことができたときには大いに称賛するようにし、近くに刺せたときには「まる」、少しずれたときには「惜しい」と言ってやり直しを促すなど、必ず

活動を認めるような言葉を掛け、Aにも分かる評価をするように心がけた。繰り返すうちに徐々に印へと意識を向け、自分で手の位置や角度を工夫して刺した位置を確認するようになり、自ら刺し直す回数が増えてきて、報告後にやり直すことも少なくなってきた。

　ウ　一人で活動する

　作業に慣れてくると、短時間で正しい位置に刺すことができるようになってきた。針を刺したAが次の活動に進むためには、教師に報告した後、①針を補助具から外す、②枠をひっくり返す、③針を抜いて糸を整える、④針を補助具につける、という四つの工程を教師が行う必要があった。その間、Aは教師が作業を終えるのを待つ。また、教師が他の生徒の指導をしているときも待つ必要があった。待ち時間が長くなるほど集中力は途切れ、再開したときには刺し直しが増えてしまうことも多くなった。

　そこで、「刺した回数をマグネットで数える」という前後の関連性のある活動を間に取り入れることにした。これにより、Aの「作業をしている」という意識は少しずつ高まり、集中力を取り戻すことができた。

　作業に慣れてくると、補助具を使わずに作業している他の生徒を見て、「針を持ちたい」と訴えることがあった。試しに補助具を外したところ、ぎこちない手つきではあったが針を持って印に刺すことができた。針を持つことにより、補助具の取り外しなどの教師の支援が減る。それは、Aにとって「針を持てた」という経験よりも、「一人で活動できる」という大きな自信へとつながった。意欲によってどうしたらできるか

写真4　針を持つA

自ら考え、それとともに手指の動きも向上していった。教師が「できない」、「難しい」といって作業方法を決めつけることなく、Aに合わせた作業方法や活動内容を設定することの重要性を感じることができた。（写真4）

　エ　主体的に活動する

　2年生の作業学習では、「自分の道具を管理する」ことを目標の一つに加えた。一年次の準備は、「エプロンを着ける」「名札を貼る」ことで始まりの意識を高めていた。しかし、責任をもつことで完成したときの成就感や達成感を増すことができるのではないか、そのためには、人に準備してもらった道具を使用するのではなく、自分で管理することが意識を高めることにつながるのではないかと考えた。

　そこで、道具を管理しやすいように、必要な道具を一人ずつケースに入れて、自分のロッカーで管理するようにした。自分で道具を準備することは、作業への意識を高めるだけでなく、主体的に作業学習に取り組む契機ともなった。

Ⅲ　実践編

3　まとめ

　二年次の作業内容は生徒たちにとってやや難易度の高いものであったが、補助具や環境設定等の工夫、適切な支援や評価によって、前年度と同様に高い意欲をもって作業に取り組むことができた。その意欲の高まりが、「自ら考え、工夫する」力を引き出し、教師の想像以上の成長をもたらすことを実感することができた。

　どんな作業内容でも、人との関わりの中で役割を果たしながら、適切な評価を受けることで、達成感や成功体験を味わうことができる。その一つ一つが生徒の自信へとつながり、作業学習に対する意欲へとつながった。そして、その意欲は、生徒が自分らしい生き方を実現していく過程で、最も大切な原動力となるであろう。

　作業学習は、同じ活動を繰り返しながら進めていくため、成功体験を積み重ねやすい。中学部段階の作業学習では、認められ、自分にもできるといった実感を重ねることが重要となる。生徒が達成感を味わい、さらに、自ら考え工夫しようとする姿勢を育てるためには、実態に応じた作業内容の見直しと補助具等の工夫を常に行うことが必要である。また、十分な環境を設定するのではなく、生徒のもつ力を見極め、少しの努力と工夫で達成できるような課題設定も重要なポイントである。今後も、生徒が高い意欲をもって主体的に学習できるのかを考えながら指導や工夫に努めていきたい。

（岡崎盲学校　教諭　福富　晴夏）

～コメント～

　肢体不自由特別支援学校の中学部の作業学習は、生徒のキャリア発達を促すための仕掛けをふんだんに盛り込ませることのできる学習です。単に作業技術や手先の巧緻性を高めるだけでなく、ものづくりを通して、自己理解・自己管理能力や課題対応能力を高めていきます。

　人は「承認の欲求」が一番の行動の原動力になるといわれています。認められ自分にもできると思えることこそが大切です。生徒のできる活動の用意、場の配置、作業工程の工夫、道具や補助具の用意・工夫、繰り返しを多くすること、多様な役割や分担など、"できる状況づくり"の環境の中で自立的・主体的な活動を存分に取り組み、成し遂げた充実感や満足感が次へのバネとなっていきます。

　事例は二年次までの実践でしたが、三年次はメモ帳づくりを通してさらに難しい作業に挑戦し、ステップアップを果たしていきました。

（ひいらぎ特別支援学校　中学部主事　杉田　敏範）

13 中学部の作業学習における授業改善

Q 肢体不自由特別支援学校の作業学習は、知的障害特別支援学校の作業学習と違いがありますか。

A 基本的にねらいの違いはありません。肢体不自由特別支援学校の作業学習も、知的障害者である生徒の教育を行う特別支援学校の学習指導要領をもとに編成した教育課程に位置付けられています。作業学習は、作業活動を学習活動の中心にしながら、生徒の働く意欲を培い、将来の職業生活や社会自立に必要な事柄を総合的に学習するものです。作業を通して集中力・継続力、報告・依頼等、作業に必要な技能、態度を身に付けていきます。しかし、知的障害特別支援学校と肢体不自由特別支援学校の作業で大きく違うことは、生徒一人一人の障害の状態によって体に動かしにくさがあり、スムーズな活動が難しい場合があるということです。そのため、作業内容の工程を細かく分け、生徒に合わせた道具を作って作業しやすい環境を整えたり、小さい動きでも作業を行うことができる内容を考えたりしています。生徒にとって教育的価値の高い作業活動を含み、それらの活動に取り組む喜びや完成の成就感が味わえる内容になるよう、実態に合わせて各学校でさまざまな工夫をしています。また、以下の観点を重視しながら活動内容を選定しています。

<作業内容を選定する上での観点>
- 生徒の実態に応じた段階的な指導ができること。
- 知的障害の状態が多様な生徒が、共同で取り組める作業活動を含んでいること。
- 作業内容や作業場所が安全で衛生的、健康的であり、作業量や作業の形態、実習期間などに適切な配慮がされていること。
- 作業製品等の利用価値が高く、生産から消費への流れが理解されやすいこと。
- 地域性に立脚した特色をもつとともに、原料・材料が入手しやすく、永続性のある作業種であること。

※「特別支援学校学習指導要領解説総則等編」より一部引用

14 卒業後の生活の充実を図るために
～学校設定教科・科目「社会生活・自分発見」の設定と取組について～

愛知県立小牧特別支援学校　高等部

1　はじめに

　平成21年公示の高等学校（特別支援学校高等部）学習指導要領は、平成25年度入学生から年次進行により段階的に適用されている。それに先だって、本校では、新学習指導要領の教育内容の主な改善事項である「自立と社会参加に向けた職業教育の充実」「一人一人に応じた指導の充実」を念頭に、教育課程の再編成を目指してきた。教師間の共通理解を図るとともに、より一人一人に応じた指導の充実を図るため、教育課程全般の見直しを検討した。その中から、教育課程Ⅰ・Ⅱ（高等学校に準ずる教育課程及び下学年の目標・内容による教育課程）に在籍する生徒の実態に応じた特色ある教育課程編成として、学校設定教科・科目の設置に向けての取組を報告する。

2　学校設定教科・科目の設置に至るまでの取組

　まず、教育課程Ⅰ・Ⅱの生徒の実態に応じた教育課程の編成について、図1の二点を確認した。①においては、生徒に身に付けさせたい力は何かを教科会等で再確認した。結果的には、それらは学校設定科目ではなく、既存の各教科・科目の中で指導するという結論に至った。②については、当初は「産業社会と人間」を検討したが、障害のある本校の生徒の実態に、より適した授業内容にしたいという強い思いから、独自の学校設定教科・科目の設置に向けて検討を重ねた。

①既存の教科における学校設定科目
・義務教育段階において学習する基礎的・基本的事項の定着、資格取得等を図る。

②独自の学校設定教科・科目
・自立と社会参加の実現を図る。

図1　身に付けさせたい力

　平成24年度は、教務部、進路指導部、学年主任で構成された学校設定教科・科目検討委員会（以下、検討委員会）を設置したり、教育課程委員会で全校的な視野で検討したりした。検討委員会では、3年間の指導計画を作成し、単元別に3年間分の自作教材を作成した。教科・科目名は、部内でアンケートを取るなどして、全員で作り上げた**教科名「社会生活」、科目名「自分発見」**の準備が整ったところで、県教育委員会に申請し、平成25年度からの実施に至った。

3　学校設定教科の目標と指導上の留意点、評価の仕方について

3-1　目標

　生徒が将来自立と社会参加をしていくために、どんな力を育んでいきたいのか、文部科学省「今後の学校におけるキャリア教育・職業教育の在り方について」等を参考に話し合い、次の三点を目標とすることにした。

> ア　社会規範やマナー等の必要性や意義を理解し、習得するとともに、他者への配慮など人間関係の大切さを理解し、積極的に人間関係を築くことができる。
> イ　自己を見つめ、職業的な能力・適性を知ることにより、自らの在り方・生き方について考え、よりよい生活を目指すとともに、体験的な活動を通して、課題に積極的に取り組み、主体的に解決できる。
> ウ　社会福祉制度、地域の社会資源について理解を深め、卒業後の生活を具体的に捉え、日常生活の充実を図ることができる。

3-2　指導上の留意点

　上記の目標を達成するため具体的な運用に際しては、調べ学習や話し合い活動、体験活動など主体的な活動に重きを置き、次の四点に配慮して行うこととした。

> ア　生徒の主体的な取組を重視する。
> イ　自己理解・自己選択・自己決定のための体験的な活動を取り入れる。
> ウ　さまざまな学習形態を通して、自己表現の方法と他への思いやりを育てる。
> エ　地域社会の教育力を活用し、社会生活に必要な知識を養う。

　また、誰が担当しても同様の目標が達成できるよう、単元や具体的な指導内容を検討した。運用については、年度により、教育課程Ⅰ・Ⅱの生徒数が安定しない本校の現状を踏まえ、学年の目標を押さえながら、3年間繰り返す内容を多くし、3学年を合併しても指導できるよう、資料（教材）を整えた。

3-3　評価

（1）学習の記録（生徒へ示す通知表）

　教科・科目の目標や内容などから、5段階評価は行わず、新たに「学校設定教科」の欄を設け、特別活動と同様に「学習内容、学習の様子」を記載することとした。

（2）指導要録

　学習の状況や成果などを踏まえて、総合所見及び指導上参考となる諸事項に所見等を

記載することとした。

(3) 評価方法・評価のポイント

年間指導計画とともに、各単元について評価のポイントを明確にし、観察（取組状況）、レポート、自己評価表によって評価することとした。

4 具体的な取組

4-1 単元名【自分自身を見つめてみよう】(25年度：1・2年)

「どんなにやっても飽きないことは何だろう」「自分と友達の違うところはどこだろう」と考えると自分自身の適性を把握するのは案外難しいものである。だからこそ社会へ出る前のこの時期に自分自身を振り返り、見つめ直し、自分なりの将来への夢や希望を考えるきっかけとなることをねらいとする。

(1) 取組の実際

〈取組1〉 自分の性格や長所・短所について考え、人との関わり方について課題を見つける

まず、自分の特技、趣味、得意教科、苦手教科をプロフィール表にまとめ、次に長所・短所、今までの他者への接し方について振り返り、人との関わり方についての課題を考えた（資料1）。

〈取組2〉 高等部での自分像を描き、卒業後の進路・将来像を考える

入学動機、1年間の行事の中で楽しみなものや努力したいことを発表し、高等部での自分のイメージを考えた。次に、現時点での将来の夢とその理由、夢をかなえるために必要なことを考えた。

資料1　教材プリント

(2) 考察・反省

まだ自立心が育っていない生徒が多く、他の生徒が評価した自分を第一の尺度に考える生徒が多い。他者の意見を参考にして、客観的に自分自身を見つめることは大切であるが、自分自身の在り方を決めるのは自らであるということも意識させたい。また、新しい環境に変わったばかりで緊張や戸惑いがあり、ある程度自分自身のことを振り返ったり考えたりすることはできたが、周りの友達に自分のことを話したり知られ

写真1　長所・短所を発表する様子

14 卒業後の生活の充実を図るために

たりすることには抵抗や違和感があるようであった。「自分発見」という初めて取り組む授業には、進路や社会生活、キャリア教育の学習という認識で興味をもって関わることができた。

(3) 課題
　年度当初にこの単元を設け、自分を見つめることは意義がある。自分を知ることが将来への夢や希望を育む最初のステップであることに気づき、3年間で、自分の生き方、考え方と将来の社会生活を結び付けて考えていくことが課題である。

4-2　単元名【働くということ～地域の職業人から話を聞こう～】(25年度：1・2年)

　「マナー（言葉遣い編・身だしなみ編）」「学校と社会の違い」「職業調べ」の学習の後、実際に働いている方から、直接話を聞くことで、働くこととは何か、卒業後に向けて、今、何をすべきかを知る機会とした。

(1) 取組の実際
　〈取組1〉　電話で依頼をする
　まず、電話口で話す内容を考えた。家庭で電話を使用する経験が少なく「何と言えばよいのか分からない」「相手に失礼にならない表現が分からない」などの意見が出た。そのため、教材プリント（資料2）で確認し受け答えの練習をした。次に、実際に代表の生徒が電話をかけた。店長が不在でも、不在時の応対について事前に練習をしていたため、落ち着いて話すことができた。電話で応対する友達の様子を見て、自分も挑戦してみたいという意欲が現れた生徒も見られた。

写真2　依頼の電話をする様子

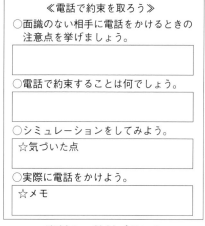
資料2　教材プリント

　〈取組2〉　依頼状・礼状を作成し、発送する
　教材で見本を示し、パソコンを使用して、依頼状・礼状を作成した。書式や時候の挨拶、封書のマナーについて学習した。実際に発送したのは一部であるが、全員が緊張感をもって丁寧に宛名書きをすることができた。
　〈取組3〉　講話を聞き、質問（インタビュー）をする
　実際に近隣のスーパーマーケットの店長を招いて、講話をいただいた。苦労したことや仕事に取り組む際に心がけていること、やりがいなど分かりやすく話していただいた。校外学習で利用している店の話でもあり、興味をもって聞くことができた。その

後、全員が事前に考えていた質問をした。得られた答えを基にさらに興味をもって積極的に質問する生徒もいた。また、職場実習を控えている生徒からは自分の進路に対する悩みを踏まえた質問があった。今何をすべきか、従業員を雇う立場からアドバイスをいただくことができた。自分から、店長の話をメモする生徒もいた。インタビュー後の振り返りでは、「店長さんも仕事でたくさんの苦労をしてきたことが分かった」「高校生のうちから就職に向けてできることがたくさんある」「まずは体力をつけたい」などの感想が述べられた。

写真3　講話を聞きインタビューする様子

（2）考察・反省

外部講師を依頼して取り組む課題の一つであり、体験活動の多い単元である。生徒の取組の様子や表情からも、普段には見られない緊張感があり、社会とつながるというイメージが湧きやすい単元であった。年度末の「将来のために勉強になったこと」の中にも講話で話された「人間関係が一番大事」という話が最も印象的であったと生徒が書いている。地域の教育力を生かした活動になったと考える。また、講話を聞きながら簡潔にメモを取るという作業にもチャレンジできた。

（3）課題

平成25年度は外部講師として、地域のスーパーマーケットの店長と福祉課の方に、平成26年度は花屋と相談支援事業所の方に、平成27年度は飲食店と就労アドバイザーの方に来校していただいた。3年間のローテーションで毎年、職業的立場からと福祉的立場からの2単元で講話を予定している。これらの取組が継続できるよう、地域資源とのよりよい関係を築いていくことが課題である。

4-3　単元名【自分自身を見つめてみよう】(26年度：2・3年)

「自分発見」は、3年間同じ単元の中で学年に応じたねらいを設定している。昨年の自分と、今現在の自分で何が違いどう変わったのか、改めて自分の性格や他者との関わり方について考え、自分の課題を見つけることを目標にしている。

（1）取組の実際

〈取組1〉　自分の性格や長所・短所を考え、人との関わり方について課題を見つける

1年目との比較がしやすいよう、1年目に書いたプロフィール表を見ながら2年目用に工夫した様式を用い、変化を中心にまとめた。まだ柔軟性はないが、人間関係の大切

さに気づき、人に合わせた会話をしようと取り組んだ生徒もあり、学習の成果が見られた（資料3）。

〈取組2〉 高等部での自分像を描き、卒業後の進路・将来像を考える

昨年は、「〜したい」という表現で、具体的な活動には至っていなかったが、働く自分の姿を夢に描き、「公共交通機関で下校を始めた」「パソコン教室に通い始めた」など、将来に向けた具体的取組が始められた生徒もいた。

```
≪自分を見つけてみよう≫
○これまでの自分を振り返ってみよう。
【昨年の自分を振り返ろう】
・友達や先生と話をするときに、自分の好きな話題でしか話せなかったが、今年は色々な話題でみんなとコミュニケーションがとれている。
・去年よりは、前向きな考え方やものの捉え方ができるようになった。
長所 まじめ、初対面の人とも話せる。
短所 考え方に柔軟性がない。
```
資料3　生徒の記述より

（2）考察・反省

生徒たちは、友達の意見を参考にしつつ、自分のことを自分自身で考えられるようになり、自分の進路や将来に対して、少しずつではあるが展望をもちつつある。一方、長所と思っていたことが、一面的であることが分かり、長所の欄から消えてしまった生徒がいた。長所として伸ばしていくことのできる支援を行ったり、別の角度から、できることを一緒に考えたりする支援が必要である。

（3）成果と課題

人は振り返りや他者とのコミュニケーションを通して自己理解（気づき）を深めていくものである。生徒たちは「自分発見」の授業を通し、ある程度自己理解（気づき）を深めることができた。今後は、改めて見つめ直した自分をベースに今の自分には何ができて何ができないのか、これから何をしたいのかなどについて、本授業での取組や学校生活の中での各種体験を通じて考えさせ、自分に合った生き方や有意義な社会生活を過ごすために必要な力を身に付けさせていきたい。

5　まとめ

本校では平成25年度に、キャリア教育の手引きを作成し、図2のように育みたい力を大きく四つにまとめた。これを基に授業内容を継続的に見直し、生徒の実態に合わせてより充実させていきたい。そして「社会生活・自分発見」の取組が生徒の地域での自立と社会参加を促し、自分らしく生きることにつながっていくことを願っている。

かかわる	・自分の気持ちや考えを自らのコミュニケーション手段で伝える力
みつめる	・自分を大切にし、よりよい自分になろうとする力
とりくむ	・自分の課題やまかされた役割を理解して取り組む力
えがく	・将来を見据えて、自分らしい生き方を考える力

図2　本校キャリア教育で育みたい四つの力

（小牧特別支援学校　教諭　石田　明代）

Ⅲ 実践編

~コメント~
　高等部教育課程Ⅰ・Ⅱの生徒の「キャリア教育」に関する授業を考えるとき、一人一人の生徒に応じた指導を充実させるためには、規定の教科・科目で対応するにはおのずと限界があり、深まりがあまりないと思います。また、自分自身についての理解を深めたり、社会で働くことについて直接地域の方々から話を聞いたりする体験に乏しいのが現実です。このような現実を解消し、卒業後生徒たちが必要な力を身に付けるために、３年間というスパンでの指導を検討して作り上げたのが、学校設定教科「社会生活」学校設定科目「自分発見」です。学校での指導はよく知識優先で、学校外での経験が乏しく卒業後に多くの課題を残すと言われます。生徒たちが自ら考え自ら行動できるようになる指導の参考となることを期待します。

（小牧特別支援学校　校長　鈴木　眞二）

14 卒業後の生活の充実を図るために

Q 「学校設定教科・科目」の指導計画を作成するにあたり工夫したことは何ですか？

A 「学校設定教科・科目」は、学習指導要領に明記されている教科の他に、地域や学校の実態、生徒の特性等に応じて、高等学校（特別支援学校高等部）独自で設置することができます。教科・科目の名称、目標、内容、単位数等については各学校で定めることができ、3年間の指導計画を立案し、教育委員会に申請します。

　本校では、肢体不自由特別支援学校に通う生徒の卒業後の生活の充実を図るために、教科名「社会生活」・科目名「自分発見」を実施しています。「社会生活・自分発見」の指導計画の作成にあたっては、同一単元でも学年によって目標を変える工夫をしています。例えば「社会福祉」の単元では、1年次に社会福祉に関わる制度、関係諸機関、ノーマライゼーションやユニバーサルデザインについて学習し、広く福祉制度の概要についての知識を得ることを目指します。2年次になると障害福祉サービスは地域によって少しずつ異なることを知り、自分の住む地域についてのサービスの内容や手続きの仕方、関係機関などを個々に調べ、理解することを目標とします。さらに3年次では、現在・将来の生活を豊かにすることの意味を考え、具体的にイメージすることで自分の生活に関わる制度や役立つサービスについて深く学び、積極的に社会に関わっていくことを考えます。幅広い内容を、同一単元として時間をおいて繰り返し行うことで、その時々の自分を見つめ、成長を感じながら、将来の自分を描いて取り組めることをねらいとしています。「学校設定教科・科目」では、既存の教科に加え、より生徒に必要な力の習得を目指した指導計画を作成していくことが望まれます。

取り組む力を育てる

Ⅲ 実践編

体験的活動を大切にしたキャリア教育の取組
～生徒の夢の実現に向けて～

愛知県立岡崎特別支援学校　高等部

 1　実践の概要

　本校では、平成24年度は「キャリア教育についての共通理解」、25年度は「キャリア教育の視点からの個別の教育支援計画の活用」、26年度は「キャリア教育の視点からの授業改善」をテーマに学習指導の改善に取り組んできた。

　高等部では、キャリア教育をワークキャリアとライフキャリアに枠組みし、平成25年度に以下の表1「高等部のキャリア教育の考え方」を作成した。これまでは、個別のニーズに合わせ各学年で取り組んできたが、3年間を段階的・系統的に考えて実践を進めている。その中で、体験的活動が生徒の学ぶ意欲を高め、社会に出てから必要な力を身に付けるのに有効であると考えた。

　そこで、本研究では、平成25・26年度の実践を中心にキャリア教育についての効果的な指導内容や教師の支援の在り方を考察し、体験的活動の重要性について報告する。

表1「高等部のキャリア教育の考え方」

	ワークキャリア	ライフキャリア	教師の支援
1年生	「自分を見つめよう」 ★自己の確立とコミュニケーションの伸長を図る。 ・「できること」「できないこと」を知る。 ・「できないこと」に対する解決方法を知る。 ・依頼や礼儀に関するコミュニケーション能力の伸長。 ・「できること」を知り、自信を高める。		・個別の教育支援計画の周知を関係職員と図る。 ・個別の指導計画を使い、関係職員と連携する。 ・年間指導計画を立てる。 ・褒めて伸ばす教育を行う。 ・「自分」を見つめ直し、適性を把握する授業を行う。 ・共感し合う場の提供をする。
2年生	「仕事を知ろう」 ★より多くの経験を積むことで自己の「夢」の実現に向けての学習を積む。 ・就業体験、職場体験 ・施設見学、施設体験 ・企業の講師講演 ・保護者の職場参観 ・敬語・丁寧語の学習及び実践	「やってみよう！キャリアデザイン」 ★体験したことのない経験を積むことで、将来の展望を開く。 ・卒業生からの話 ・公共交通機関の利用 ・公共施設の利用 ・趣味・娯楽の拡大	・個別の教育支援計画を具体化する。 ・個別の指導計画の重点目標を基に年間指導計画を立てる。 ・校外学習等の充実を図る。 ・卒業生との対話を通して、現在の課題を明白にする。 ・一般企業、事業所の人たちとの対話を通して現実を知る機会を設定する。
3年生	「夢の実現自立への道の方策を模索しよう。」 ・就業先への長期体験 ・就業先への通勤体験 ・コミュニケーション能力の伸長	・テーブルマナー ・身だしなみ講習会 ・自立のための家事 　（掃除、洗濯、調理等） ・人生設計 ・「義務」や「権利」	・本人、保護者、施設関係者、進路指導部との懇談を行う。 ・個別移行支援計画、個別の教育支援計画の補足シートを作成する。 ・進路先について本人と保護者の意思を確認する。

2 本研究の取組

2-1 平成25年度の実践（高等部第3学年教育課程B）
(1) ワークキャリアに関する実践
　ア　職場施設体験での学習
　毎年6月に、高等部全体で就業体験を行っている。1年生は校内での体験を行い、2年生からは地域の事業所等でそれぞれ体験を行う。3年生時には、それまでの体験先での評価や活動内容、自分がやりたい夢に近づいているか等を判断材料とし、最終的に自分の利用したい場所がどこかを決定していく。また、事業所側から得た評価や課題を卒業までに身に付けるべき力とし、残りの学校生活で取り組んでいる。実際に事業所等で働く体験は、卒業後の自分の姿を具体的に考える機会になっている。

　イ　進路指導講話
　「自分のライフスタイル」をテーマに、卒業生や相談支援員からの話を聞いて、自分の将来を具体的に描くことをねらいとして行った。今一番夢中になっていることや、夢の実現のために努力していること等について話を聞くことができた。また、相談支援員の方からは、社会に出るために必要なルールや一人暮らしをしていくにあたってのアドバイスをいただくことができた。このような時間は、特に卒業後の生活が具体化してきた3年生にとって、将来に向けての手がかりと安心感を得ることのできる貴重な体験となっている。

　ウ　「自立活動」の授業での学習
　自動車関係の仕事を希望していたAを対象に、手指の巧緻性の向上をねらって「ねじはめ」などの作業に取り組んだ（写真1）。繰り返し行うことで、短時間に正確な作業ができるようになった。更には、作業環境を整えることでの効率化に気づき、作業しやすい環境を自分で整えて記録を伸ばしていくことができた。できた経験を積むことで自信がもて、積極的に取り組む姿勢や集中力も身に付いた。

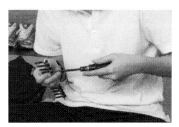
写真1

(2) ライフキャリアに関する実践
　高等部3年生では、ワークキャリアとともにライフキャリアが重要視されてくる。社会に出て働くことだけではなく、家庭や地域でいかに充実した余暇を過ごすことができるかが生活の質を向上させる鍵となる。「自分の夢の実現」のために、身の回りのことや余暇に関することについて校外学習などを設定して学習に取り組んだ。

　ア　ATMの利用についての学習
　三菱東京UFJ銀行の協力を得て、ATMを操作する学習や行員から通帳の作り方、金銭管理、金融機関の仕組みについての説明を受けた。将来、自分で働いて得たお金を自分の口座で管理したり、自分のお金を使ったりするときに、こうした経験が役立つと

考える。

イ 携帯ショップでの学習

販売店に行き、携帯電話等の通信機器の購入方法や最新機種の機能、使用料金等について説明を受けた（写真2）。また、展示をしている携帯電話の操作をしながら、操作方法や機能を教えてもらうことができた。自分に合った携帯電話の使い方を考える機会となった。生徒からは、「自分で働いたお金でスマートフォンを買いたい」「車椅子でも携帯できるタブレット端末がほしい」などの感想が聞かれた。

写真2

（3）平成25年度のまとめと考察

日常的に実習に向けての学習に取り組んだり、いろいろな事業所で何度も実習を行ったりすることで、進路選択の幅を広げることができた。また、校外での学習では、将来役に立つと思われる経験をすることができた。ただ、ATMの利用のように学んだ内容を実践する機会がなかった学習については、実質的な評価が卒業後になってしまった。身に付けた力を試す機会を在学中に設定し、「確かな力」になるような指導内容を再検討する必要があると考えた。

2-2 平成26年度の実践（高等部第3学年　教育課程B）

平成25年度の考察から、身に付けた力を試す場として校外学習を捉え、ねらいを明確にして取り組んだ。その中の「テーブルマナーについての学習」と「TPOに合わせた服装についての学習」について述べる。

（1）テーブルマナーについての学習

ア 生活単元学習での事前学習

食事をする際の注意点として、「周囲の人や会食者に不快感を与えることのない、楽しい食事をするためのルール」についてクラス全員で話し合った。生徒からは「大きな声は出さない」や「むやみに席を立たない」などの意見が出た。また、自分でナイフとフォークの位置が確認できるような自分専用のランチョンマットを作成した（写真3）。

写真3

イ 給食時間におけるマナー講座

校外での外食体験に向けて栄養教諭と連携を図り、給食時間にテーブルマナー講座を行った。陶器の皿やガラスコップ、順番に出される料理を前に、緊張して黙々と食べる生徒がほとんどであった。特に、片まひのあるBにとって、ナイフとフォークを同時に使用することの難しさがあった。始めはナイフで食材を突き刺して食べることもあったが、教師と一緒に食材を切ってみるなど試行錯誤しながら食べることができた。それぞ

れの生徒が、実際の食材で練習できる良い機会となった。

　ウ　校外での外食体験

　ホテルの協力を得て、レストランでコース料理を食べる学習を行った。片まひのあるBも、どうすればスムーズに食べられるかをマナー講座で体得しており、ナイフやフォークに対しての抵抗感もなく、一人で食べきることができた（写真4）。また、生徒同士で会話を楽しむ様子も見られた。

（2）TPOに合わせた服装についての学習

　ア　生活単元学習での事前学習

　修学旅行の二日目にテーマパーク（遊園地）に行く予定であったことから、どんな服装が良いかを全員で考えることにした。まずは、「TPOに合わせた服装」について確認し、「派手な色はだめ」「修学旅行という学校行事である」などのルールを話し合って決めた。ルールに従って、引率教員の持っている服の中から、一番良いと思われるコーディネートを全員で考えた。

写真4

　イ　ファッションショーでの発表

　実際に修学旅行で着ていく私服を自分でコーディネートして持参し、ファッションショーを行った（写真5）。自分たちが決めたルールの中で似合う服装を選び、お互いに発表することで認め合ったり、間違いに気づいて改善したりすることをねらいとした。Cは、帽子が風で飛ばされないように、クリップで留めたり、テーマパークのキャラクターのTシャツを着たりするなどの工夫ができた。

　ウ　修学旅行当日（テーマパークにて）

写真5

　ファッションショーで友達から改善点を指摘されたCは、上記の改善点の他にズボンを替えて上下別の色にするなど更に修正し、当日を迎えることができた。その他の生徒も、お互いに褒め合う姿が見られた。

（3）平成26年度のまとめと考察

　授業改善を行い、ねらいが達成できたかどうかを確認するため、表2にまとめた。

表2　体験的活動でのねらい確認表

伸ばしたい力	テーブルマナー			TPOに合わせた服装		
	事前学習	マナー講座	外食体験	事前学習	ファッションショー	修学旅行
人間関係形成・社会形成能力 （他者に働きかける力・チームワーク等）			○		○	○
自己理解・自己管理能力 （役割の理解、ストレスマネジメント等）		○			○	
課題対応能力 （情報の理解・選択・処理、計画立案等）	○	○	○	○		
キャリアプランニング能力 （学ぶことの意義の理解、将来設計等）	○		○	○		

社会とつながる力を育てる

段階を追って体験的な活動を学習することで、「伸ばしたい力」を総合的に網羅することができた。また、教師からの指導や教授だけではなく、生徒が自ら考え行動する機会を多く設定することで、社会に出てから必要な力をより効果的に身に付けることができた。体験することで「できる」ことが増え、「できた経験」が学ぶ意欲の向上につながることも分かった。

3 おわりに

　体験的活動の充実を目指し、本研究を進めてきた。体験的活動を段階的に積み重ねることで、生徒が自分の将来を想像したり、やりたい夢を大きく膨らませ、夢に向かって努力する方法を体得したりできることが再確認できた。

　今後は、個々の生徒の夢の実現のための必要な力について教師間で話し合い、そのための段階的な内容の充実を図っていきたい。また、体験的活動のみにとらわれることのないよう、教育活動全体を通じて指導できるキャリア教育を進めていきたい。

＜参考文献＞
「今後の学校におけるキャリア教育・職業教育の在り方について」中央教育審議会答申，2011年
「キャリア教育の手引き」文部科学省，2011年

（岡崎特別支援学校　教諭　乗山　聖子）

～コメント～

　高等部教育課程Ｂ（知的障害者である生徒に対する教育を行う特別支援学校の各教科を中心とした教育課程）の生徒に対するキャリア教育の取組です。ワークキャリアとライフキャリアの枠組みのもとに「体験的学習」が果たす役割と意義を確認しました。ワークキャリアの取組では、従来通りの就業体験や職場・施設体験をはじめ企業・事業所の管理者による講演等も実施しました。一方でライフキャリアの取組で特色あるものとしては、銀行のＡＴＭ操作の研修や携帯電話の契約等の学習が挙げられます。いずれにしても、表２にまとめたように、体験的な活動がキャリア教育の指導領域とどのような関連をもっているかを教師間で確認し、継続的・発展的な学習が展開されることが求められています。本例では、「自己理解・自己管理」領域の指導が弱いことが明らかとなりました。指導領域のバランスを考慮したキャリア教育の推進に努めることが今後の課題であると考えます。

（岡崎特別支援学校　校長　吉村　匡）

15　体験的活動を大切にしたキャリア教育の取組

Q 余暇の過ごし方として、学校で取り組んでいることはありますか？

A 主に生活単元学習と総合的な学習の時間の中で、余暇についての学習を取り入れています。

生活単元学習のこれまでの取組は、公共交通機関の利用、買い物、飲食店での飲食、ゲームセンターやカラオケの利用、名古屋駅の地下街散策等があります。実際に体験することで、友達と楽しみを共有し、実生活に活かせるようにしています。

小学部の段階から生活の中で楽しみを見つけ、高等部の段階で余暇の楽しみとして挙げられるよう段階的に指導しています。

高等部では、２、３学期の総合的な学習の時間を「わくわくタイム」として設定しています。これは、「卒業後の余暇活動の充実」をテーマにグループ学習を行い、趣味の幅を広げていくことを目的としています。

生徒に取り組んでみたいことや興味のあることのアンケートを取り、生徒自ら活動計画を立て、それに基づいて活動しています。今年度は、アンケートからアニメ班、音楽班、鉄道班、調理班、スポーツ班の５グループを編成しています。ただやりたいことに取り組むだけではなく、自らの課題を追求し、インターネットや本で調べることで、主体的に判断したり解決したりする力を育んだり、講師を呼んで教えてもらうことで、ものの考え方や学び方を身につけたりしていきます。

社会とつながる力を育てる

Ⅲ 実践編

16 体育におけるボッチャの取組について
～地域とともにある学校づくりを目指して～

瀬戸市立瀬戸特別支援学校光陵校舎　中学部

1　実践の概要

本校の体育では、卒業後の社会参加を見据え、生徒たちが主体的に授業に取り組むことを目標の一つとして授業を行っている。また、地域に根ざした教育の推進と生涯スポーツの2つの視点からボッチャに取り組み、地域との関わりや結び付きを大切にしながら交流を図っている。

2　実践事例

2-1　はじめに

本校は、全校児童生徒数が54人の県内では比較的小規模な特別支援学校である。瀬戸市立萩山小学校の1階に併設しており、体育館などの特別教室は小学校と共用している。また、児童生徒の増加に伴い、26年度より中高等部が瀬戸市立光陵中学校の校舎内に「瀬戸市立瀬戸特別支援学校　光陵校舎」が新設された。

学習指導要領における「各学校が児童生徒の実態や地域の特性などに応じて、主体的・創造的な教育活動を展開し、児童生徒に『生きる力』を育成する」ために、瀬戸市では未来創造事業という施策を推進している。本校では、「障害者スポーツを通して地域理解を図る」というテーマでこの施策を活用している。本校の児童生徒と、近隣の小学校・中学校・高等学校の児童生徒や地域の方々に参加を募り、毎年夏季休業と冬季休業にボッチャ大会を行い、交流を深めている。

2-2　実践のねらい

中高等部の多くの生徒は、学年や学級が違う集団であっても言葉を交わし合い、積極的に友達や教師と関わりをもつことができる。しかし、集団活動の場面になると、経験や成功体験の不足から消極的な面が見られることが多い。

これまでの体育の授業では、整列や挨拶などの合図や準備運動の模範などをリーダーとなる生徒が行っていたが、活動全般において教師主導になってしまうことが課題であった。そこで、卒業後の生活を見据え、キャリア教育の視点で、校内だけでなく校外のいろいろな場面で自信をもって主体的に活動できるようになるために、授業の中でで

きるだけ生徒が主体となる授業づくりをすることが必要であると感じた。また、主体性だけではなく、与えられた役割を担う責任感や自分にできる仕事を見つけて積極的に行う姿勢、自己理解・自己管理能力や人間関係形成・社会形成能力を育てることもねらいとして実践を行った。

　今回の実践で取り上げる体育・ボッチャは、生徒たちに競技内容やルールが浸透してきている単元である。競技の特性として、自分のボールを目標とするジャックボールに近づけるだけでなく、1球投げるごとにゲームの状況が変化する。そのため、投球の技能だけでなく、状況に応じて自分で作戦を考えることも重要である。これらのことから、ボッチャは、生徒の自己決定する力や主体性を伸ばすには有効な単元であると考えた。

2-3　授業実践と評価及び改善

写真1　ボッチャ大会での様子

　主指導を行う体育科の教師だけではなく、ティームティーチングで授業に入る教師とも連携しながら指導を行い、生徒たちの授業に対する取組がさらに主体的になることを目指して、授業の組立てや指導方法を検討して実践を行ってきた。ボッチャの授業は、生徒たちが自分で試合を進めたり審判を行ったりすることに重点を置くとともに、体育におけるボッチャの振り返りシートの作成、評価基準の作成及び検討、未来創造事業のボッチャ大会の計画、大会参加者に依頼するアンケート作成や集計、近隣の中学校との交流など、新しい試みについても検討を行った。

(1)　未来創造事業・ボッチャ大会

　本校では、未来創造事業の一環として、開校2年目の平成23年度よりボッチャ大会を行っている。平成25年度の夏のボッチャ大会は、5回目の大会となった。全体で80人ほどの参加があり、本校の児童生徒と地域の方々が各団体、合計12チームに分かれて対戦した。

<アンケート結果>

1　ボッチャが障害のある人と一緒に楽しめるスポーツだと知っていましたか？ ・「はい」・・・56人、「いいえ」・・・5人	
2　ボッチャをまたやってみたいと思いますか？ ・「はい」・・・60人、「いいえ」・・・1人	
3　今回のようなボッチャ大会があればまた参加してみたいですか？ ・「はい」・・・60人、「いいえ」・・・1人	
4　感想 ・いろんな人と交流できるので良い機会だと思います。もっと外部の人が参加できるように開催の回数を増やしてほしい。（本校保護者） ・お年寄りや障害のある人などいろんな人が楽しめるスポーツだということが分かって楽しかったです。（小学校児童） ・年齢に関係なく大勢の人が集まることはめったにありません。いい思い出ができ、いろんな人とふれあえてよかったです。（光陵中学校生徒） ・障害のある子も楽しめるスポーツなのですごいと思った。さくらんぼの子たちと楽しめるボッチャクラブを自分の学校にも作ってほしいです。（萩山小学校児童） ・去年ボッチャのことを知りました。シンプルなルールですが、なかなか奥の深いスポーツだと思いました。いろんな人と一緒に参加できたことはすばらしいです。（民生委員児童委員）	

アンケート結果から、次のようなことが分かった。

① ボッチャ大会の継続により、地域の人たちと本校児童生徒の交流だけではなく、障害者スポーツに対する理解も深まったと考えられる。

② 本校保護者の感想から、子どもと地域の人たちの交流を楽しみにしていることが分かる。

③ 萩山小学校の児童からボッチャクラブを作ってほしいという感想が出ているように、ボッチャへの関心の高まりが感じられる。招待した学校の中には、ボッチャクラブを発足した学校もあり、本校から体育科の教師がルールの説明や練習の指導に出向いてサポートを行っている。他にも、各参加校のホームページに大会参加の内容の記事が載っていたり、瀬戸市の広報に記事として取り上げられたりと、反響も非常に大きい。

これらのことから、本校のキャリア教育の推進のために、今後も地域の方々からの理解と協力をいただきながら、継続して未来創造事業を行うことが必要であると感じた。

(2) 体育の授業改善

　ア　夏季研修会の開催

平成25年度は、ボッチャの単元を7月と9月に設定した。前年度までは、技能上達のための指導に加え、ルールの理解や補助具の利用によって全員が楽しめるゲームを進めることに重点を置いて授業を行ってきた。今年度は生徒たちが試合を進め、かつ審判も行うなど、生徒がより主体的に授業に参加することに重点を置いた。

写真2　体育の授業での様子

まずは教師がルールを理解し、指導方法について共通理解を図ることから始めた。夏季休業中に、ボッチャの概要や特性、競技のルール、得点の数え方や指導のポイントについて体育科の教師が講師となり研修会を行った。実際にボッチャを経験してみると、ランプスの介助方法や狙った所に投球することの難しさが分かり、競技への理解が深まったようであった。また、瀬戸市内の小・中学校のクラブ担当教師の参加もあった。

イ　評価基準の作成

　次に、評価基準の作成を行った。愛知県高等学校課題研究保健体育研究班の種目別評価システムを参考にして案を作成し、検討を重ねた。そして、完成した評価基準は本校のボッチャにおける評価基準として活用した。「運動の技能」の評価基準はランプス使用者にも対応させた。

　今年度のボッチャの授業は、継続して取り組んでいる単元であるため、仲間同士で言葉をかけあって試合をする場面が見られた。主体的に授業参加するための具体的な手立てとして、全員で授業の準備や後片付けをし、教育課程Ａ（中学部は中学校に準ずる内容または下学年の目標・内容による教育課程、高等部は高等学校に準ずる内容または下学年の目標・内容による教育課程）の生徒は主審を担当するなどの役割を与えることにした。主審を担当した生徒は、回数を重ねるごとに大きな声で審判を行う様子が見られた。慣れてきて進行をある程度任せられるようになると、自分で話し方を考え、意見をしっかりともち、試合の進め方や結果発表の仕方などが堂々としてきた。また、試合をしている生徒が審判を行っている生徒の姿を見ることによって、「自分もやってみたい」「自分にもできるかもしれない」と積極的に話す生徒も出てきた。

ウ　振り返りシートのまとめ

　ボッチャの単元終了後は、教育課程Ａの生徒に振り返りシートを書いてもらった。

＜振り返りシートまとめ＞

1　体育のボッチャの授業は好きですか。 ・「はい」・・・6人、「いいえ」・・・0人
2　ボッチャの授業で新しい知識は増えましたか。 ・「はい」・・・3人、「いいえ」・・・3人
3　ボッチャの技能は上達しましたか。 ・「はい」・・・4人、「いいえ」・・・2人 ・投げるときに手の向きが変わるので練習をするときは手を見ながら投げる練習をしたら上達すると思います。車椅子の向きを直した方がいいと思いました。 ・ジャックボールが近い場所にあっても、力を加減してボールを近づけられるようになった。 ・手を大きく上げると遠くへ投げられることがわかった。
4　試合の審判をやってみてどうでしたか。 ・初めてやってみて、最初はよく分からなかったけど、（ジャックボールから）遠い人が投げることがわかって、赤と青のカードを出して見せられるようになった。 ・審判よりも試合がしたい。たまに審判をやるのは良かった。 ・球の距離を見ることにまだ自信がない。ルールがあやふやな部分や知らない部分があるのでそこをくわしく学びたいです。

技能の上達については、生徒自身が振り返りをしながら練習を行っていたことが分かり、指導の成果が表れているように感じた。今年度初の試みである生徒が行う審判については、慣れない中、新しいことに挑戦する楽しさや新しい知識を吸収したいという気持ちが伝わってきた。また、授業後に審判の資格を取得してみたいと話す生徒もいた。

(3) 光陵中学校との交流

光陵中学校と交流及び共同学習の一つとして、本校の生徒主催のボッチャ交流を行っている。教育課程AとB（中学部は知的障害者を教育する特別支援学校の目標・内容の一部を取り入れた教育課程、高等部は知的障害者を教育する特別支援学校の教科に替えた教育課程）の生徒全員で準備や当日の役割を分担した。交流の進行は生徒会とし、ルール説明や審判は生徒会以外の教育課程Aの生徒が担当し、今までの授業の成果を発揮できる場とした。とても盛り上がり、互いの投球に一喜一憂しながらボッチャ交流を楽しんだ。また、審判役の生徒は、授業で何回か経験した成果を発揮し、大きな声で試合を進められるようになり、自信をつけることができた。

3 おわりに

中学校保健体育の学習指導要領に明記されている「生涯にわたって運動に親しむ資質や能力」とは、それぞれの運動が有する特性や魅力に応じて、その楽しさや喜びを味わおうとするとともに、公正に取り組む、互いに協力する、自己の責任を果たす、参画するなどの意欲や健康・安全への態度、運動を合理的に実践するための運動の技能や知識、それらを健康実践に活用するなどの思考力、判断力などを指しているとある。ボッチャは、障害がある人とない人が一緒に楽しめるスポーツとして普及しはじめ、レクリエーションとしても楽しむことができ、重度の障害がある人の可能性を広げている。さらに、ボッチャが自己決定をすることに関して重要な特性をもっていることからも、自発的にスポーツをする動機づけにもなる。

今回の実践では、生徒の主体性を高めるためには、次の四つのことが大切だと考え、教師の間で共通理解して指導を行った。①成功体験を積み重ね、スモールステップを大切にする、②褒めるときは具体的に褒める、③教師などの指導する立場の人だけではなく、友達や仲間などが褒める、④役割をもつ、である。これらの取組を通してキャリア教育で目指す力の底上げができた。

一方で、来年度に向けていくつかの課題も残った。審判の役割を与えられた生徒はその役割を果たしていたが、試合の場面で審判をしている生徒が誰なのか分かりづらく、教師側で注目させるような配慮が必要であった。そして、みんなの前に出て行う活動の回数を増やし、自信をつけながら授業以外の場所でも積極

写真3　ボッチャ交流での様子

的な姿勢で主体性をもって活動できるような継続的な支援も必要である。

　瀬戸市は、地域と一体となって子どもたちを育む「地域とともにある学校」づくりを推進しており、「生き抜く力」の育成と、「すべての子どもたちが瀬戸で学んでよかった、すべての親たちが我が子を瀬戸で学ばせてよかった」という教育を目指している。障害があっても、学校や地域社会などのいろいろな場面で活躍できる可能性をもっている。今回の実践では、授業実践だけではなく、瀬戸市の施策である未来創造事業を活用した実践も行い、地域に根ざした教育の実践をすることができた。そして、これまでの教育活動から地域に開かれた特別支援学校として、地域の方々や保護者から信頼され支持を受けている。今後も、本校が主体となり、地域にあるスポーツができる施設を使用し、身近な地域で障害のある人もない人も一緒にスポーツを楽しむ機会をつくり、生涯スポーツにつなげていきたい。また、スポーツだけではなく、生徒の自立と社会参加に向けた指導の充実を図るために、地域全体がノーマライゼーションの理念を達成できるよう、さらなる推進をしていきたい。

＜参考文献＞
愛知県高等学校課題研究保健体育研究班「科目「体育」種目別評価システム」
「中学校学習指導要領解説　保健体育編」平成20年9月
「高等学校学習指導要領解説　保健体育編・体育編」平成21年12月

(瀬戸市立瀬戸特別支援学校光陵校舎　教諭　岩田恵美子)

~コメント~
　瀬戸市立の特別支援学校として、中学部は「生活する力につなげる地域・社会と連携・協働した指導の充実」を重点目標としています。卒業後の生活を見据え、学校内外の人と積極的に関わり、コミュニケーション能力を向上すること・主体的に活動することなどを目指して、さまざまな取組を行ってきました。本稿にあるボッチャ大会は、5年目を迎え、市内小中高校や地域の団体の参加が増え、ますます地域の人との関わりが深まってきました。校内で、友達や先輩に積極的にコミュニケーションをとり、主体的に活動する経験が自信となり、校外に出ても自身の力を発揮できているように感じます。今後も、瀬戸市立の学校として併設の小・中学校があるという恵まれた環境を生かし、学校内外で自信をもって主体的に活動できるように、一人一人の目標を設定し、課題に取り組んでいきたいと思います。

(瀬戸市立瀬戸特別支援学校光陵校舎　中・高等部主事　井上　賢司)

> **Q** 肢体不自由の子どもたちが取り組めるスポーツにはどのようなものがありますか？

A ダンス、ボッチャ、カローリング、風船バレー、フロアゴルフ、フロアハンドボール、ボウリングなどがあります。

- ダンス…社交ダンスをアレンジした創作ダンスやフォークダンスを行います。
- ボッチャ…的球となる１個の白いボールに向かって、赤と青のボールの２チームに分かれて各チーム６個のボールを投げ合います。白い的球に一番近いボールの色が勝ちとなります。投球方法は、投げる・転がす・蹴るなど自由であり、ランプスと呼ばれる滑り台のような補助具を使用して投球することも認められています。
- カローリング…２チームに分かれ、ジェットローラと呼ばれる道具を使い、的となるポイントゾーンに向かって相手チームと交互に投げ合い勝敗を決めます。ジェットローラの裏側にベアリングホイールがついているため投げるときに力をあまり必要としません。
- 風船バレー…バレーボールの代わりに大きな風船を使用し、ネットを低めに設置して行います。
- フロアゴルフ…ビニールシートで作った池や人工芝のエリアをフロアに配置し、ホールに向かって発砲スチロールのボールを打っていきます。クラブは実態に合わせて長さや形を工夫した物を作り、クラブを握ることが難しい場合はクラブが振り子のように動く補助具を使用して打ちます。
- フロアハンドボール…直径20cmのピラティスボールを使用し、車椅子プレイヤーエリアとフロアプレイヤーエリアに分かれて試合を行います。攻撃と守備の時間を分け、攻撃のときにシュートした合計得点が多いチームの勝ちとなります。
- ボウリング…本物のピンを使用し、ドッジボールを使用して行います。ランプスや投球台を使用して投げることもできます。
- ハンドサッカー…縦20m、横12mのコートで行われ、サッカー同様にゴール数の合計を競い合います。原則的には手でシュートやパスをします。フィールドプレイヤー、スペシャルシューター、ポイントゲッターとゴールキーパーに分かれてプレーします。

17 就労を目指す生徒への支援の取組
～日常生活における働く力の獲得と企業との連携について～

愛知県立港特別支援学校　高等部

1 実践の概要

　障害者の法定雇用率の引き上げを受け、各企業の障害者の雇用意識は随分高まっている。一方で、雇用される障害者は、即戦力を求められている印象を受ける。そのため、学校としては企業訪問を通じて、丁寧に学校の一般就労に対する取組を説明するとともに、生徒に対しては働くために十分な力を身に付けて、企業と学校の信頼関係を構築することが必要であると強く感じる。本校における進路指導の取組の実践を紹介する。

2 実践事例

2-1 本校の概要

　本校は名古屋市南部に位置し、小学部から高等部まで約230名の肢体不自由の児童、生徒が学ぶ特別支援学校である。児童生徒の主な通学区域は、おおよそ名古屋市の南半分が中心である。しかし、高等部については、普通科とは別に県内唯一の商業科があるということもあり、名古屋市周辺の各地域から通学している生徒もいる。

　児童生徒の主な障害は脳性まひが約半数を占め、その他の脳性疾患を含めると、全体の7割以上に上る。近年医療的ケアを必要とする児童生徒も増えており、全体に障害は重度化している。高等部生徒の主な進路先は生活介護の事業所である。例年高等部第3学年の約10％の生徒が一般就労を希望しており、ほぼ企業就労を果たしている。しかし、肢体不自由の生徒の雇用にあたっては、企業側の施設設備のバリアフリー化が必要な場合も多く、課題も多い。そのような中、関係諸機関との連携の中で雇用に結びついた事例を報告する。

2-2 就労を目指す生徒への支援の取組の事例

(1) 生徒A（女子）の実態
　・実態　自分で手動の車椅子の操作ができる。手すりがあればつかまり立ちや車椅子からの移乗や車椅子への移乗ができる。
　　　　　食事、排せつ、更衣などの基本的な生活動作は、自立している。
　　　　　余暇活動として、車椅子バスケットボールチームに所属している。

Ⅲ　実践編

　Aは、高等部から本校商業科に在籍し、商業科目を含めた学習活動に加えて簿記能力検定やワープロ技術検定などの資格取得などにも積極的に取り組んでいた。成績は優秀で、大学進学も可能であったが、自分の得意分野であるパソコンを生かせる仕事をし、社会貢献や自立をしたいという希望を強くもっていた。２年生の頃から、本校で行っている支援相談を利用しながら本人、保護者と担任や進路担当職員と卒業後の進路に向けて、就労の意思確認をしながら、本校が例年高等部２年生の３学期に実施している就労体験実習の実習先を探すことになった。Aは居住地から地下鉄を利用して学校まで自力通学を行っていたため、居住地域からの通勤も視野に入れながら検討を進めた。

（２）就労までの経緯
　　ア　校内実習
　本校では、就労の意義を学ぶとともに自己の課題を再確認するために、毎年６月に一週間、校内実習を実施している。生徒の実態に適した実習ができるように、複数の企業や福祉事業所からボルト・ナットの組立や粗品作りなどの作業物資を借りて、模擬会社や模擬福祉事業所を設定し、通常の授業（１時間：40分）よりも長い時間の作業を行っている。
　Aは実習期間中、次の作業に取り組んだ。
・ねじを扱っている会社から径の細いボルト・ナットの組立～ボルトの軸へのバーコードラベル貼り～検品作業～製品を入れる小箱の組立
・別のフック金具を台紙に載せてからプラスチックのカバーをかぶせて、決まった位置をホチキスで留める。

写真１

写真２

・贈答用の箱に貼るリボンを布と針金で作る。
　作業は１時間から１時間半続けて行い、出来上がったものは商品として店舗に陳列されるので、正確さと丁寧さが要求される。フックをケースに入れて台紙とカバーをホチキスで留める作業は厚みがあるのでずれないように押さえながら正しい位置で力を入れる必要がある。Aはしっかりと作業を行い、職員の検品にも合格することができた。また、リボン作りでは決まった大きさや形に成形するために木製の補助具を福祉事業所から借りることができたが、慣れるまでは実習担当の本校職員も作業に時間がかかった。作業は最初は難しかったが、実習時間以外にも練習を続けるなど、積極的な姿勢が功を奏して規格に合ったリボンを作り上げることができるようになった。
　実習中や実習後、複数の職員からの評価を受けた

が、自分の仕事に対して責任感をもち、正確に遂行しようとすることができるという声があった。本人は、パソコンを使った仕事を希望していたが、職場においてはその他の業務もあることをよく理解しており、どんなことでもできるように粘り強く努力する姿勢が感じられた。

 イ 就労体験実習

 高等部２年生の３学期（２月頃）に企業に協力を依頼して１週間程度会社業務の体験を行う就労体験実習を行っている。進路指導部で生徒の実習できる企業を開拓していたところ、名古屋市中区にある中部地方の高速道路の維持、管理、保全業務などを行っているＡ社からパソコンを使った業務も含めて実習の受け入れをしてもよいという返事をいただいた。その後、本人と保護者に実習の意思確認をしてから準備を進めた。実習は、４日間続けて行い、５日目に成果を発表するというものであった。

・１日目　アンケート集計に関するデータ入力、社員名簿などの作成など
　　　（初日ということもあり、かなり緊張していた。報告などの声が小さかった。）
・２日目　経理課にて振り込み用紙を作成し、社員とともに銀行へ行くなど
　　　（書類の記入に時間がかかったが、休憩時間も使いながら粘り強く取り組んでいた。）
・３日目　高速道路のＳＡ・ＰＡの設計データの入力、液晶パネルについての講義
　　　（少し慣れて、実習中の笑顔が増えた。説明に関して相づちをうてるとよい。）
・４日目　人事に関するデータ入力、パトロールカーで高速道路や施設の見学など
　　　（指示に対する相づちをうつ、語尾を意識してはきはきと話すことなどを意識することができた。）

　　　　　　　　　　　　　　　　　　　　　　※（　）は、本校指導職員による所見。

 実習の最終日には、実習期間中で緊張したことや今まであまり知識のなかった高速道路について理解が深まったこと、どこの部署でも親切な社員の方に指導を受けることができて良かったこと、高速道路の休憩施設のバリアフリーや広告用の液晶パネルについての感想や自分なりの改善点などを報告することができた。また、実習期間中は、会社から帰宅後に学校に帰着連絡を入れることにしており、その日に行った業務や自分自身の反省を担任や進路担当に報告し、翌日の実習に向けての準備を行った。また、実習を通して課題もいくつか見つけることができた。

・緊張すると、話し声が小さくなることがある。
・パソコンの入力等の技能を向上できるようにする。
・休憩時間と業務時間との区別をつける。
　　（がんばり過ぎではないかと社員の方に心配されることがあった。）

 実習後は、卒業後の就労という大きな目標に向かい、以上の課題克服に向けて、本人に加えて家庭、学校が連携をしながら努力を続けた。まず、人前で考えたり話したりする機会の多い生徒会の役員になり、生徒会の話し合いの中心になったり、全校生徒の前

で話す機会を増やしたりした。生徒会役員は、在校中に3度経験し、少しずつではあるが、緊張せず話せるようになっていった。パソコンの技術向上については、10月にコンピュータ技術検定（表計算部門）合格や11月にワープロ技術検定合格など、着実に資格の取得を進めることができた。保護者からは、言葉遣いなどの日常生活における指導の協力を得ることができた。また、在学中に自動車の運転免許証を取得しておくと就職に有利になるのではないかとの問い合わせが本人からあったが、まずは、3年生の産業現場等における実習や入社試験に向けて準備し、先方から業務に必要と要請があれば学校として対応を考えていくという結論に達した。学校では、企業に対して実習に関して多くの御配慮をいただいたことに感謝の気持ちを伝えるとともに、障害者雇用の可能性や予定について再確認した。企業の担当職員からは、会社として障害者の雇用を考えているが、採用を視野に入れた実習を受けるかどうかは、今回の実習の様子を社内で再度確認してからにしたいとの話があった。

　3学期最後の本人、保護者、担任、進路担当での支援相談では、「経験することがなかった会社での業務体験で、働きたいという気持ちがますます強まった。チャンスがあればＡ社で再度実習を行い、就労に向けてチャレンジしたい」ということであった。家庭と学校間で引き続き連携をとりながら、3年生の産業現場等における実習に向けて準備をしていくことで考えが一致した。

　　ウ　産業現場等における実習

　Ａも3年生になり、本校で高等部3年生が卒業後に希望する進路先に対して行っている産業現場等における実習に向けての準備を進めた。新年度を迎えて、2年生のときに実習でお世話になったＡ社の実習担当の方に次年度の障害者雇用の予定とＡが再度実習を希望しているので引き続き検討していただきたい旨を伝えた。その後、大変ありがたいことに「社内で検討した結果、もう一週間実習を受け入れます」という返事をいただき、本人に伝えた。担任、進路担当からは「就労体験ではなく、結果によっては、雇用につながっていく実習であるからしっかり準備をしなさい」という話をした。前回の反省を思い出し、挨拶、お礼、話し方、任された仕事の区切りがついたところで、ミスがないかどうか確認するなど、担任を中心に学校生活の中で確認を行った。

　6月中旬に実習を行うことになり、今回も最終日に実習の成果をお世話になった部署の方の前で発表するということになった。前回の実習と同じく会社側の配慮でサポートをしていただける女子社員の方が親切に対応してくださった。2回目の実習ということもあり、実習の様子を見た企業担当部署の職員からは、挨拶、話し方なども前回より改善し実習を行っていた。依頼した業務にミスがないかどうかの再確認もしっかりできていたという評価をいただいた。今回は、いろいろな部署の業務説明を受けてから少し体験させていただくというものではなく、5月にサービスエリアの記念イベントの来場者に実施した「サービスエリアにおけるバーベキュー場、キャンプ場整備に関するアンケート」の集約とグラフ化や結果から読み取れる傾向などを自分自身でまとめていく業

務をほとんど任せていただいた。1,000件を超えるアンケート用紙のデータ化を行い、性別や年代回答の内容などについてグラフを活用しながら視覚的に分かりやすい資料を作成することができた。分からない項目があった場合には、関係部署の社員にしっかり質問することができ、理解した上で業務を遂行することができた。食事時間に比較的年齢の近い社員の方と雑談をしたり、休憩時間には、一旦業務を中断してしっかり休んだり、一日の業務の量を考慮して時間配分を考えたりして、自分自身で前回の反省点をしっかり確認しながら実習に臨むことができた。4日間でたくさんのアンケート結果をまとめ、作った資料をもとに関係部署の社員の方の前で自分の考えを発表することができた。

　エ　実習後から採用まで

　実習を終えてから進路担当が出向いて、お礼を申し上げた際に実習の取組が前回に比べてとてもよかったことと、今後の採用の可能性については後日連絡するという話があり、その後、来年度に向けて障害者雇用を考えているので、入社試験を実施したいという決定通知があった。その件を本人、保護者に伝えるとぜひ受験したいとのことであった。同時に自分の働きたいという思いをしっかり相手に伝えることができるように、校長をはじめ、普段あまり関わりのない職員に協力を依頼して面接指導を行った。繰り返し練習した結果、Aは自分の言葉で就労に対する思いをしっかり相手に伝えることができるようになった。

　9月下旬にA社で入社試験があり、筆記、面接ともに力を出し切った結果、内定をいただくことができた。入社にあたっては、扉の改装や手すりの設置など、働きやすいように職場のバリアフリー化を進めていただくことができた。卒業後、Aは正式に社員として採用され、よい環境の中で周りの方から必要な場面で温かいサポートを受けながら仕事に従事し、現在に至っている。

3　おわりに

　高等部学習指導要領では、「これからの学校教育においては、社会の変化に主体的に対応できる能力の育成を重視するとともに、生徒が自らの在り方生き方について考え、将来に対する目的意識をもって、主体的に自己の進路を選択決定し、生涯にわたる自己実現を図っていくことができるような能力や態度を育成することが重要である」としている。つまり進路指導は生徒一人一人が自己理解し、生徒自らの進むべき道を選択し、決定できる能力を育てるとともに、自己の生きがいと深く関わる自覚をもつことができるようにする指導といえる。

　Aが就労して5年が経ったが、特に大きな問題もなく継続して仕事をしている。本人の努力が大きな理由であることは確かであるが、高等部2年段階の就労体験実習から3年の産業現場等における実習、入社試験、入社後の卒後支援と、自らが自己実現できるように支援した結果といえる。

Ⅲ　実践編

　こうした取組の中から、Aは企業の戦力として定着することで、企業と学校の信頼関係も構築することができた。現在も、次の生徒の受け入れについて門戸を開いていただけていることは大変ありがたいことである。

（港特別支援学校　教諭　河合健太郎）

> ～コメント～
> 　本校では、小学部から高等部までの12年間、キャリア教育を児童生徒の発達段階に応じて系統的に行っています。特に、中学部から高等部にかけては、保護者の方も自分のお子さんの進路を念頭に置き、早めに将来の進路先の見学や体験を含めて実施するとともに、学校としてキャリア教育、特に進路指導に関する働きかけは強めるようにしています。
> 　今回の高等部から入学してきた生徒Aの事例は、各種困難に直面しても、生徒、保護者、教師、各関係機関が連携した結果、最終的に本人の希望どおりに無事就労に結びついた良い例です。高等部に入学した当初は、精神的にも技術的にもまだ未熟であった生徒が、生徒会活動や校内実習などのいろいろな体験を繰り返すことで、その都度課題を確認し、改善していくことでだんだんと成長していきました。その後、校外での実習等を行ってから卒業後社会人になるまで、生徒が成長していけるように全力で支援した結果でした。
>
> （港特別支援学校　高等部主事　楯　浩文）

17 就労を目指す生徒への支援の取組

Q 卒業後に向けて、肢体不自由特別支援学校の高等部における実習はどのように進められていますか？

A 　肢体不自由特別支援学校高等部卒業後の進路先は、大きく分けると、進学、一般就労、福祉サービス利用（生活介護等）の利用に分けることができます。在校生徒の障害の重度化に伴い、例年本校では９割程度が福祉サービスを利用しています。
　学校によって実習の取組は異なりますが、校内で行う実習と校外で行う実習に分けることができます。校内で行う実習では生徒を実態別に分け、企業や福祉サービス事業所に見立てた部署を設定し、企業や福祉施設から提供していただいた軽作業等を行います。働くために必要な技能、挨拶、返事、連絡、報告や、身だしなみを守ること、きまりや時間を守ること、集中して作業に取り組むことなど、社会人として必要なマナーや働く力を身に付ける場にもなっています。また、福祉施設での活動に関連付けて、創作活動や集団活動のプログラムを設定し、普段の学習集団や指導に当たる職員を意図的に再編成して、卒業後と同様にいろいろな人との関わりがもてる場を設定しながら実習を進めている学校もあります。
　校外で行う実習では、企業や福祉サービスを提供する事業所などの協力をいただき、実際の現場で実習先の職員の方に指導を受けながら仕事に取り組みます。実習後、評価を受け、今後克服すべき課題を見つけます。いただいた評価によっては、実習でお世話になった企業で採用試験に挑戦するケースもあります。
　実習は通常の学校生活と異なるタイムスケジュールの中でさまざまな体験をすることで卒業後に対するイメージを高め、進路先を考えたり、選択したりする良い機会になっています。

社会とつながる力を育てる

Ⅲ　実践編

卒業後の自立した生活に向けての取組
～福祉サービスの概要と利用方法について学ぶ～

豊田市立豊田特別支援学校　高等部

1　実践の概要

　卒業後の社会参加を考えたとき、自らの力で外出できる力を身に付ける必要がある。また、身辺自立が確立していなければ、排せつや着替えなど生活に必要なことを誰かに頼らなければならない。卒業後の自分たちの生活がどのように変化するのかを知り、福祉サービスの必要性を実感して、利用できることをねらいに「総合的な学習の時間」で取り組んだ学習について紹介する。

2　実践事例

2－1　福祉サービスの存在を知り、自分に必要な福祉サービスを考える
（1）目標設定の理由

　本実践は、教育課程A（高等学校の当該学年あるいは下学年の各教科等に加えて自立活動の学習を行う教育課程）で学ぶ1年生と、教育課程B（日常生活や社会生活に必要な知識・技能・態度の習得をめざし、各教科等を合わせた指導や自立活動の学習を中心に行う教育課程）で学ぶ1年生から3年生の生徒12名で構成されている学習集団での実践である。

　本校では、重点目標としてキャリア教育の推進を掲げ、高等部においては「自立や社会参加を目指して生徒一人一人の生きる力を育む」をテーマに、キャリア教育の観点を明確にして授業改善を図っている。生徒たちは、家庭では家族に頼って生活している。自分一人または友達と外出する機会は少なく、ほとんどが保護者に頼っている。また、将来の生活や仕事について問うと「働きたい」、「自立したい」と答えるものの、外出、着替え、排せつなど生活の中で自分一人ではできないことが多くあることを認識できていなかった。今回の実践は、自分の生活で、自分に合った福祉サービスの存在を知り、それを利用する力を身に付けることで社会の中で生活できるよう以下の目標を決めて取り組んだ実践である。

18 卒業後の自立した生活に向けての取組

> 目標① 自分が今できること、できないことを明確にする。
> 目標② 福祉サービスの利用方法を知り、将来自立に向けて必要な福祉サービスを見つける。

（2）目標達成のための手立てと実践
　ア　福祉サービスが何かを知る

　この実践の導入で、生徒が考える将来の生活や、その生活を実現させるために必要な方法を考える場面を設定した。生徒たちは「働くこと」や「一人暮らし」を望んでいるが、どうすれば実現するかを答えることはできなかった。日常生活において身辺自立が確立していない生徒もいるが、家庭での生活では保護者の支援があるから困っていないだけで、何らかのサポートが必要であることに気づいていない。また保護者も介助において特に支障がないため、福祉サービスの必要性を感じていないようである。また、福祉サービスを利用できることを知らなかったり、現在使っていてもそれが福祉サービスであることを知らなかったりする生徒がほとんどであった。

資料1　豊田市発行「サービス事業所ガイド」（一部抜粋）

そこで、福祉サービスについて知ることから授業を進めた。最初にすでにサービスを利用している生徒が、サービス内容をみんなに発表する機会を設定した。週2回の入浴サービスの利用や、登校前にヘルパーに学校の持ち物を準備してもらっていることなど、友達が実際に利用しているサービスの話を聞くことで他の生徒たちが関心をもち、福祉サービスを身近に感じることができた。

次に、豊田市のホームページや豊田市が発行している「事業所ガイド」（資料1）を調べて、さまざまなサービスがあることを知ることができた。生徒にとって難しい言葉が多く並んでいたが、言葉や漢字などは教師に分かりやすく説明を受けることで内容を理解することができた。

イ　なぜ福祉サービスが必要か自分の生活から振り返り考える

「生活の中で自分でできること、できないことを考えてみよう」というチェック表（資料2）を使い、生徒が自分の生活について振り返るようにした。左の欄の項目は生活の中で必要なことであり、中央の欄は自分でできることは○を記入し、右の欄に自分でできなかった場合にどのような手段をとっているか、または誰に依頼しているかを記入することにした。その結果、自分でできるかについてはそれぞれ違いがあるが、誰に依頼するかについてはほとんどが両親または家族であった。「一人暮らしをしたい」と言っていた生徒に、できなかった項目について「一人でできなければどうするか」の問いには、答えることができなかった。

ウ　サービスはどうすれば利用できるかを知る

入浴に困った場合は、利用生徒の発表にもあったように、入浴サービスを利用することで解決することができる。そこで、他の項目はどうすればできるようになるのかを考えるようにした。イラストで説明が入っている豊田市自立支援協議会の「福祉サービスを使おう！」（資料3）で、生活の中でさまざまなサービスがあることを学んだ。市役所障がい福祉課の窓口や市内の障がい者相談窓口がある事業所も掲載してあり、福祉サービスの利用や制度について困ったときに、近くの窓口で相談や情報提供を受けられることを知ることもできた。利用したいときには、窓口に行って福祉サービスを利用するための相談やサービスの申し込みができることから、在学中に相談や利用ができるようにし、卒業後の生活につなげていきたい。この学習の中で福祉サービスの例として、1回500円で利用できるリフト付タクシーがあることを生徒たちに知らせた。するとある生徒は早速豊田市のホームページにあるさまざまな情報を自分で調べ、利用しようとした。しかし、申請をせずに直接タク

生活の中で自分でできること、できないことを考えてみよう		
生活での出来事	自分でできる	できなかったらどうする？
着替え		
食事		
排せつ		
移動（室内）		
移動（屋外）		
筆記		
運搬		
料理		
洗濯		
清掃		
入浴		
労働		
通勤		

資料2　生活に関するチェック表

18 卒業後の自立した生活に向けての取組

資料3　豊田市地域自立支援協議会発行の「福祉サービスを使おう！」

シー会社に連絡をしてしまい高額な利用料を提示されて利用を諦めたということがあった。そこで、「福祉サービスを使おう！」（資料3）と豊田市ホームページにある「リフト付車両の移送サービス」（資料4）を用いて利用の手順を知らせると、今後の利用に前向きであった。すぐに利用することはなかったが、自分で利用しようと行動を起こしたことは次につながる良い経験となった。リフト付きタクシーの利用だけではなく、自分が現在できないことについてこれらの資料を読み、必要なサービスを利用できるようにしたい。

エ　自分で解決する手段として

自分一人ではできないことを家族以外に依頼する方法について学習してきたが、できないことのすべてをヘルパー

資料4　リフト付車両の移送サービスの紹介（豊田市ホームページより）

に依頼するのは経済的に限界がある。そこで自助具や補助具を使うことで、自分でできることを増やそうと考え、名古屋市昭和区にある「なごや福祉用具プラザ」の校外学習を計画して、さまざまな福祉用具を実際に見たり触ったりしてきた。体育の授業で、力が弱く投げたり押したりすることが難しい生徒が、ボールなどを遠くに転がしたり飛ば

社会とつながる力を育てる

したりするために利用する補助具を目にし、感動していた。これまで生徒たちは、食事の自助箸以外の自助具はほとんど利用した経験がなかったが、生活の中で役立つ用具を見て探すために、この見学は有効であった。実際に使ってみることで便利さを実感することはもちろん、モデル住宅の見学では、これがあれば自分でできると生徒が生活をイメージすることもできた。しかし、大型で高価な物も多く、すぐに購入することは現実的ではない。

そこで、市役所障がい福祉課に申請することで購入の際に補助が受けられる制度についても学習した。自分に必要な福祉用具と、購入費用の補助の条件や制限、利用の限度などの制度を学ぶことで、必要な申請や補助金のおよその金額を知ることができた。また、用具の利用によって自分でできることが増えれば、できないことだけをヘルパーに依頼すればよいなど、自立に向けた具体的なイメージをもつことができた。これらのことを保護者にも働きかけていくことで、より実現に向けて進めていくことができると思われる。

3　おわりに

これまで生徒たちは、「できないことは依頼」という方法をとっていた。それは大切なことである。しかし、「どうすれば自分でできるのか」を考えることが少ないことから、自分で解決することができていなかった。この学習を通して「今自分ができること」「できないこと」を一つずつ明確にし、改めて自分自身を見つめ、また親に頼らずに生活するにはどうしたらよいかを考えるようになってきた。そして、制度を利用することでさまざまな福祉サービスを受けられることを学び、自分の力で生活するには、どこに相談すればよいかを知ることができた。

進路については、卒業生の通う事業所についてよく紹介している。本校生徒が事業所から厳しい評価を受けることがあることは知っているが、ある事業所で厳しい評価を受けても、他の企業なら就職できるだろうと安易に考えている生徒が多かった。しかし、それらの事業所は就労移行支援、就労継続支援という福祉サービスの一つであり、一般企業で働くために必要な知識や技術を学ぶための場所であることを伝えた。そこで厳しい評価を受けたということは一般企業ではまだ力不足であり、実習で実際に厳しい評価を受けたことがある生徒は改めて進路について厳しい現実があることを認識したようであった。

自分のできないことを知ることも、事業所から厳しい評価を受けることも、今の自分にとっての現実を知るという点では共通し、また学校生活や卒業後の進路に対して、意識のもち方が変わったようである。厳しいことではあるが、現実的なビジョンをもつことで、具体的な卒業後への見通しをもつことができる。この学習を通して、現実を見つめたり、自分が困ったときに相談したりする方法を知ることができたように思われる。

生徒たちにとって福祉サービスや制度についての学習は重要であるが、すべてを理解

するには難しい内容であった。しかし、必要なサービスや制度を選択し、利用できるようにしていくことは必要不可欠であり、それらについて学級担任や関係者が指導をしていかなければならないと考える。また、家庭によっては福祉サービスや制度は必要ないと考えていたり、詳しいことを知らないという理由で使わなかったりとさまざまな実状がある。これからの学校生活や進路指導で、生徒や保護者に福祉サービスや制度の活用を働きかけていき、生徒の自立へとつなげていくことが今後の課題である。

＜参考文献＞
「サービス事業所ガイド」豊田市発行
「リフト付車両の移送サービス」豊田市ホームページより
「福祉サービスを使おう！」豊田市自立支援協議会発行

（豊田特別支援学校　教諭　横山　裕一）

~コメント~

　本校高等部では「自立」及び「社会参加」を目標に、日々の授業実践に取り組んでいます。6月に実施される2週間の就業体験及び校内実習は開校以来毎年行っており、そこでの課題を生徒、保護者、教員が共有し卒業までの学校生活や家庭生活などで改善、克服するようにしています。技能面や態度面の課題に加えて、肢体不自由の特別支援学校では移動能力を高めることが最も大切な課題となっています。車椅子の操作や車椅子からの移乗または、校外での活動能力等が要求されます。これらの課題を克服することによって社会的な視野が広がるとともに、就業における選択肢も広がってくるものです。また、今回の実践のような「福祉サービスの利用」も不可欠となります。豊かな生活を送るためには何が必要かを示していくことが、高等部における私たちの役割と思います。授業実践を通して社会自立へ向けて考えるきっかけになることを願っています。

（豊田特別支援学校　高等部主事　入波平　信亮）

愛知県肢体不自由教育研究協議会　研究紀要（研究一覧）

	題　目	学校
第1集	−	−
第2集 (昭和56年1月)	ＣＰ児のひらがな認知の特性とより効果的な指導について	名古屋
	手を使わせる指導の実践をとおして	豊橋
	中学部養護・訓練に関する指導について	一宮
	重度脳性まひ児の学習指導	小牧
	「集団療育」実践報告	岡崎
第3集 (昭和57年2月)	重い障害をあわせもつ児童から意欲的な動きを引き出す指導について	名古屋
	集団養護・訓練の実践	豊橋
	体力向上・体験学習の充実を目ざして	一宮
	発達と障害をふまえた指導について	小牧
	体育大会におけるマスゲームのとりくみについて	岡崎
第4集 (昭和58年2月)	障害の重度重複化に伴う生活指導の現状と問題点について	名古屋
	知的機能発達に遅れを見せる生徒の描画指導	豊橋
	校外学習を通しての体験・合科学習の試み	一宮
	重度重複障害児の排泄指導について	小牧
	重複学級における排せつ指導について	岡崎
第5集 (昭和59年2月)	新しい寄宿舎をめざして	名古屋
	卒業後の追指導について	豊橋
	訪問教育と施設内教育の実践例	豊橋
	本校高等部卒業生の実態調査及び動向調査のまとめ，その1	岡崎
	能力差のある学級での指導について	一宮
	中学部における合科及び合科・統合による指導	一宮
	生徒の体力向上を目指して	一宮
	子どもの実態に即した指導内容及び方法について	一宮
	豊かな寄宿舎生活をめざして	一宮
	本校小学部スタディルームの拡充	小牧
	合科指導について	小牧
	心身障害者雇用の実態調査	小牧
	学習意欲を高める指導について	小牧
	養護・訓練（時間の指導）における障害別指導方法について	小牧
	本校寄宿舎の7年をふりかえって	小牧
第6集 (昭和60年2月)	養護・訓練としての温水プール指導	名古屋
	寄宿舎の自治会活動	豊橋
	心の動き、身体の動きを活発にする指導について	一宮
	子供の反応を手がかりとした指導について〜動作訓練をとおして	小牧
	明るく素直に生きる子の育成〜交流に心のふれあいを求めて	岡崎
第7集 (昭和61年2月)	進路指導の現状と問題点	名古屋
	校内体験実習に伴う進路指導	港
	重い障害をもったＹ子の生きていく力を伸ばす指導	豊橋
	Ｎ男の意欲のなさを考えなおすなかで	岡崎
	寄宿舎の生活を豊かにさせる「遊び」	一宮
	児童の実態に応じた教育過程の編成と展開	小牧
第8集 (昭和62年2月)	精神遅滞を伴った肢体不自由児の指導内容と指導方法	名古屋
	教育過程編成の検討	港
	Ｔ男の歩行訓練〜松葉づえによる独歩の獲得を目指して	豊橋
	身辺処理能力を高める指導をめざして〜高等部生徒（Ｃ類型）	岡崎
	日常生活指導〜場に応じた行動のとれないＡ子について	一宮
	生徒の意欲を育てる教育過程をどのように編成するか	小牧
第9集 (昭和63年2月)	本校高等部における「職業教育」の変遷について	名古屋
	重度重複障害学級の生徒の指導について	港

	本校の食事指導に関する現状	豊橋
	保護者との連携	岡崎
	重度の子供にとって体育の授業はどうあるべきか	一宮
	本校高等部における校内実習の取り組み	小牧
第10集 (平成元年2月)	小学部における者会自立をめざした指導	名古屋
	中学部における校内実習のあり方を考える	名古屋
	職業教育の必要性と進路指導上の留意点	名古屋
	精神遅滞を伴う生徒の指導	港
	障害に応じた指導内容と指導方法について	港
	校内実習及び現場実習の取り組みについて	豊橋
	ようくんキャンプ10年の実践	岡崎
	本校における「合科」の現状と問題点	一宮
	効果的な集団学習のあり方を求めて	小牧
第11集 (平成2年2月)	脳性まひの女子生徒に対する歩行車による歩行訓練の効果について	名古屋
	重度重複学級の児童の指導について	港
	施設内教育の実践	豊橋
	重度・重複障害児(Ⅳ類型)の指導	岡崎
	一人一人の子供に合わせた指導について	一宮
	水治訓練の指導はいかにあるべきか	小牧
第12集 (平成3年2月)	小学部における体育指導	名古屋
	重複学級の共通単元の取り組み	港
	依存心の強いM男の着脱指導について	豊橋
	一人ひとりの生徒に応じた指導のために	岡崎
	交流教育の実践	一宮
	肢体不自由養護学校における生活単元学習のあり方について	小牧
第13集 (平成4年2月)	プール指導の実際と課題	名古屋
	精神遅滞を伴う生徒の指導	港
	個々の実態に応じた被服科の指導について	豊橋
	高等部Ⅲ類型「生活学習」の実践	岡崎
	幼稚部の実践	一宮
	領域・教科を合わせた指導について	小牧
第14集 (平成5年2月)	自傷行為等の自閉傾向を有するA男の変化について	名古屋
	生活単元学習の実践	港
	反応の乏しいN子の指導について	豊橋
	触れ合いを求めて	岡崎
	自立を目指した職業教育	一宮
	Ⅳ類型における作業学習のあり方について	小牧
第15集 (平成6年2月)	コミュニケーション手段に障害を持つ生徒とコンピュータ	名古屋
	マリオネットに願いをこめて	港
	人とのかかわりを伸ばす生活単元学習の取り組み	豊橋
	買い物ごっこの学習を通して社会性を伸ばす指導	岡崎
	訪問教育における共通教材の実践	一宮
	領域・教科を合わせた指導について	小牧
第16集 (平成7年2月)	算数的な考え方を育てる教材・教具の工夫	名古屋
	生活単元学習での実践	港
	心身に重度の障害を持つ生徒の教材・教具の工夫	豊橋
	生徒の意欲を引き出す題材の工夫について	岡崎
	中学部におけるCスタディの取り組みについて	一宮
	中学部Ⅲ、Ⅳ類型における教材・教具の工夫	小牧
	「ちり紙屋」の学習を通して「生きる力」を育てる指導	豊田
第17集 (平成8年2月)	病棟内での学習が中心となる場合の指導の一貫性を求めて	名古屋
	障害の重い児童の摂食指導の在り方について	港

	生き生きとした表情や動きを引き出すために	豊橋
	「人とかかわる力」の育成を目指して	岡崎
	養護・訓練を主体とする教育課程における児童の集団作りについて	一宮
	高等部における障害の重度な生徒の養護・訓練指導について	小牧
	心の交流をもとめて	豊田
第18集 (平成9年2月)	障害の重い生徒の毎日の指導について	名古屋
	重度重複障害児の摂食指導について	港
	子どもたちを引きつける映像の魅力について	豊橋
	訪問教育における指導の充実を求めて	岡崎
	養護・訓練を主体とする教育課程における生徒の指導	一宮
	重複障害学級における図画工作科の指導について	小牧
	養護・訓練を主体とする教育課程における児童生徒の指導について	豊田
第19集 (平成10年2月)	高等部Ⅳ類型における生徒の指導について	名古屋
	集団の中の個を生かす指導のあり方について	港
	子どものQOLの向上をめざして	豊橋
	個々の認識に迫る指導を目指して	岡崎
	どの子も伸びろ生き生きと	一宮
	自閉的傾向があり、重複障害を持つ生徒の指導内容・指導方法について	小牧
	感じる力を高め、まわりの人にかかわろうとする力を育てるには	豊田
第20集 (平成11年2月)	個に応じた温水プールの指導について	名古屋
	個を生かす教材教具の工夫について	港
	生活づくり、道具づくり	豊橋
	生活課題を配慮した授業の組み立て	岡崎
	個に応じた教育課程の編成と指導の在り方について	一宮
	Ⅲ類型・Ⅳ類型の国語における個に応じた指導について	小牧
	子どもたちがわくわくと活動するために	豊田
第21集 (平成12年2月)	体調の維持と授業づくり	名古屋
	重度重複生徒における養護・訓練の授業実践について	港
	「個別の指導計画」を立てるためのシステムづくり	豊橋
	興味関心から、自らを深め、広げる姿を求めて	岡崎
	Ⅲ類型の教科別指導の在り方について	一宮
	効果的な訪問教育を目指して	小牧
	養護・訓練を主とする教育課程おける生徒の指導について	豊田
第22集 (平成13年2月)	対人関係の形式の基礎・コミュニケーション行動の向上をめざして	名古屋
	筋疾患の生徒の意欲を引き出す自立活動の指導	港
	主体性を育む生活単元学習の指導	豊橋
	個を見つめた学級経営	岡崎
	各類型における造形活動の試み	一宮
	生徒の意欲を育てる教育課程をどのように編成するか	小牧
	感じる力を高め、まわりの人にかかわろうとする力を育むために	豊田
第23集 (平成14年2月)	生きる力と夢をはぐくむ指導	名古屋
	自ら課題を見つけ、学び、考える児童を目指して	港
	自分で課題を見付け追求する総合的な学習の時間の取り組み	豊橋
	授業に生かす"個別の指導計画"	岡崎
	生きる力をはぐくむ総合的な学習を目指して	一宮
	社会の中でよりよく生きる力がもてる生徒の育成を目指して	小牧
	子どもたちの主体性をはぐくむ総合的な学習の時間の指導	豊田
第24集 (平成15年2月)	Ⅳ類型の生徒の学校生活を見直す	名古屋
	コミュニケーションの世界を広げる	港
	「個別の指導計画」を基本とした教科別の指導と集団活動の実践	豊橋
	体験を通して学ぶ	岡崎
	みんなで、一歩前進!!	一宮

		国語科を核にした総合的な学習の時間の指導	小牧
		生き抜く力を育てる	豊田
第25集 (平成16年2月)		6年間を見通した生活単元学習を目指して	名古屋
		「生きる力」をはぐくむ授業を目指して	港
		個別の指導計画を生かす評価の在り方について	豊橋
		個別の指導計画を授業に生かす	岡崎
		豊かな生活につながる総合的な学習を目指して	一宮
		本校の情報教育におけるこれからの方向と課題	小牧
		中学部全体で取り組む総合的な学習の時間の実践について	豊田
第26集 (平成17年2月)		「総合的な学習の時間」の指導と評価について	名古屋
		一人一人の教育的ニーズに基づいた関係機関とのネットワーク作りを目指して	港
		卒業後のQOL向上を目指して	豊橋
		一人一人に合わせた保健体育の授業	岡崎
		自ら学び自ら問題解決する力を育む	一宮
		高等部における「総合的な学習の時間」の実践について	小牧
		ノーマライゼーションの理念の実現を目指した交流教育の推進	ひいらぎ
		生徒の実態に応じたスタディ編成による「総合的な学習の時間」	豊田
第27集 (平成18年2月)		個に応じた指導を充実する教育課程の編成	名古屋
		生きる力をはぐくむ「総合的な学習の時間」を目指して	港
		図画工作における一人一人のニーズに応じた教材・教具の工夫及び支援の在り方について	豊橋
		健康安全面に配慮の必要な生徒の支援の在り方	岡崎
		生活単元学習を核に生徒の生きる力をはぐくむ	一宮
		一人一人の教育的ニーズにこたえた支援のあり方	ひいらぎ
		児童（Ⅰ類型）の生活力向上をめざした支援の在り方を考える	小牧
		思わず手を出したくなる教材作りとその活用	豊田
第28集 (平成19年2月)		一人一人の教育的ニーズに応じた支援の在り方	名古屋
		個々の児童の成長を見据えた指導の実践	港
		個のニーズにこたえるための学校、家庭、寄宿舎の共通理解と連携	豊橋
		児童一人一人の教育的ニーズに対応した個別の教育支援計画の作成と実践	岡崎
		個別のニーズに応える毎日の10分間	一宮
		将来の社会生活に結びつく課題への取組	ひいらぎ
		自立を目指した主体的な取組を促すための支援の在り方	小牧
		一人一人のニーズに応じた支援を考える	豊田
第29集 (平成20年2月)		生徒の意欲を引き出す指導を目指して	名古屋
		ティームティーチングにおける評価カードの活用と、指導の改善	港
		関心・意欲・態度や見方・考え方を評価し生かす三角比の指導	豊橋
		日常の視点から	岡崎
		生き生きと活動できる授業を目指して	一宮
		卒業後の生活を見据えた作業学習の取組	ひいらぎ
		一人一人のニーズに応じた授業の改善	小牧
		自分の考えや意思を周囲にわかりやすく表出できる子どもの育成	豊田
第30集 (平成21年2月)		生徒が自分の体力について考えることができる体育指導を目指して	名古屋
		作業学習	港
		根拠のある評価と指導を目指して	豊橋
		訪問教育児の豊かな生活を目指した支援の在り方について	岡崎
		障害の重い生徒の身体機能と認知機能両面への働きかけ	一宮
		「DO」から深めよう	ひいらぎ
		新入学児童の活動の広がりを目指して	小牧
		「自ら動き出す力」を育てる授業と評価の生かし方	豊田
第31集 (平成22年2月)		意欲的に学習に取り組める環境作り	名古屋
		卒業後を見据えた作業学習	港
		より効果的な授業のために	豊橋

	「見る力」を高めるための工夫	岡崎
	学校生活から社会生活への円滑な移行を目指して	一宮
	一人一人の生徒が自ら活動し、学ぶ授業作り	ひいらぎ
	重度・重複障害の生徒の感覚を刺激する働きかけ	小牧
	重度・重複障害児のトイレでの排尿行動の形成と定着	豊田
第32集 (平成23年2月)	生活に結びつく学力を育てる	名古屋
	摂食指導における外部専門機関との連携	港
	安全・安心を目指した食事指導	豊橋
	一人ひとりが輝き、互いに向上しあえる授業を目指して	岡崎
	一人一人のニーズに合った授業を目指して	一宮
	学校生活全体を通しての手指の巧ち性を目指した指導	小牧
	卒業後に必要な力を身につけるための自立活動の実践	ひいらぎ
	開校とともに育む自立活動	瀬戸
	授業や日常生活を通してのサインの獲得や動作の向上を目指して	豊田
第33集 (平成24年2月)	自立と生活単元学習の結びつきを考えた指導	名古屋
	教育課程Ⅳにおける合同学習の取組	港
	自立活動を主とする学習グループの給食前の指導について	岡崎
	日常生活動作の向上を目指して	一宮
	児童のコミュニケーション能力の育成	小牧
	自立活動主体の教育課程（Ⅳ類型）における教科別の指導「音楽」の授業実践	ひいらぎ
	脳性まひ児がもつ学習上の困難を考慮した指導について	瀬戸
	個に応じた課題からの授業作りを目指して	豊田
第34集 (平成25年2月)	達成感が味わえる図画工作科の指導	名古屋
	教育課程Ⅳにおける「合同」授業の取組	港
	意欲を引き出す自立活動の指導	豊橋
	AT（Assistive Technology）を使った授業づくり	岡崎
	グループ分けによる効果的な目標設定と実践	一宮
	小学校から入学した生徒への自立活動の取組	小牧
	卒業後を見据えたコミュニケーションの指導とその改善	ひいらぎ
	自立活動（こべつかつどう）における指導方法の改善	瀬戸
	目と手の協応動作や手指の巧ち性を高める指導	豊田
第35集 (平成26年2月)	体験活動を生かしたキャリア教育の実践	名古屋
	系統性のある肢体不自由児の体育指導について	港
	重複障害学級における「食事」の授業改善	豊橋
	自立活動を主とする学習グループの音・音楽を通した授業実践	岡崎
	人とかかわる力を育てる生活単元学習の授業改善	一宮
	作業学習の充実を目指して	小牧
	中学部の作業学習における授業改善	ひいらぎ
	体育におけるボッチャの取組について	瀬戸
	卒業後の自立した生活に向けての取組	豊田
第36集 (平成27年2月)	キャリア教育の意識調査から見えた現状と課題	名古屋
	自分らしい生き方を実現するために	港
	重複障害学級における自立活動「感覚・運動」の授業改善	豊橋
	体験的活動を大切にしたキャリア教育の取組	岡崎
	教育課程Aにおけるキャリア教育の実践	一宮
	つながりのある「遊び活動」の授業実践	小牧
	キャリア教育の視点に基づいた「日常生活の指導」の授業改善	ひいらぎ
	キャリア教育の視点からの授業改善	瀬戸
	キャリア発達を促す系統性のある指導をめざして	豊田

執筆協力者一覧

はじめに
　鵜飼　　博　　愛知県肢体不自由教育研究協議会会長

発刊に寄せて
　分藤　賢之　　文部科学省初等中等教育局特別支援教育課特別支援教育調査官

Ⅰ　理論編
　愛知県教育委員会特別支援教育課
　愛知県総合教育センター相談部

Ⅱ　基礎編
　酒井　哲哉　　愛知県立名古屋特別支援学校部主事
　八重澤直樹　　豊田市立豊田特別支援学校部主事

Ⅲ　実践編
　1　植木　昭晴　愛知県立名古屋特別支援学校教諭
　　　岩佐　竜次　愛知県立名古屋特別支援学校部主事
　2　砂塚　智美　瀬戸市立瀬戸特別支援学校教諭
　　　林　　俊男　瀬戸市立瀬戸特別支援学校部主事
　3　若松　基生　愛知県立名古屋特別支援学校教諭
　　　堺　　和之　愛知県立一宮特別支援学校長
　4　渡辺祐喜子　愛知県立名古屋特別支援学校教諭
　　　三澤　彰鎭　愛知県立名古屋特別支援学校部主事
　5　浅野　美好　愛知県立小牧特別支援学校教諭
　　　鵜野　裕志　愛知県立小牧特別支援学校教頭
　6　杉浦　律子　愛知県立ひいらぎ特別支援学校教諭
　　　高羽　正孝　愛知県立ひいらぎ特別支援学校部主事
　7　矢部　純子　愛知県立岡崎特別支援学校教諭
　　　林　　智子　愛知県立豊橋特別支援学校長
　8　兼松　由季　豊橋市立くすのき特別支援学校教諭
　　　佐原　寛治　愛知県立豊橋特別支援学校部主事
　9　若林　孝弘　愛知県立岡崎特別支援学校教諭
　　　吉村　　匡　愛知県立岡崎特別支援学校長
　10　中西　詞子　豊田市立豊田特別支援学校教諭
　　　岩田　直人　豊田市立豊田特別支援学校部主事

11	小川	智裕	愛知県立一宮特別支援学校教諭
	太田	充雄	愛知県立一宮特別支援学校部主事
12	田口	京子	愛知県立港特別支援学校教諭
	倉知	利勝	愛知県立港特別支援学校部主事
13	福富	晴夏	愛知県立岡崎盲学校教諭
	杉田	敏範	愛知県立ひいらぎ特別支援学校部主事
14	石田	明代	愛知県立小牧特別支援学校教諭
	鈴木	眞二	愛知県立小牧特別支援学校長
15	乗山	聖子	愛知県立岡崎特別支援学校教諭
	吉村	匡	愛知県立岡崎特別支援学校長
16	岩田恵美子		瀬戸市立瀬戸特別支援学校光陵校舎教諭
	井上	賢司	瀬戸市立瀬戸特別支援学校光陵校舎部主事
17	河合健太郎		愛知県立港特別支援学校教諭
	楯	浩文	愛知県立港特別支援学校部主事
18	横山	裕一	豊田市立豊田特別支援学校教諭
	入波平信亮		豊田市立豊田特別支援学校部主事

おわりに
　小川　純子　　愛知県肢体不自由特別支援学校校長会代表

編集
　愛知県肢体不自由教育研究協議会　　竹原いずみ
　名古屋特別支援学校研修部　　　　　柴土　賢治

おわりに

「継続は力なり・・・」真の意味でこの言葉を理解したのは、平成25年4月でした。個人的な話になりますが、私は、初任者として養護学校義務制の前年度に肢体不自由養護学校へ赴任し多くのことを学ばせていただきました。そして、そこには確かに「愛知県肢体不自由教育研究協議会」（以下、愛肢研）の存在がありました。それから時を経て、教員生活最後の地として赴任したのが、やはり肢体不自由特別支援学校でした。31年ぶりの肢体不自由特別支援学校には、37年の長きにわたって先輩方が切磋琢磨する場として作られた研究会、また、その成果を真摯にまとめ続けた研究紀要がありました。

平成25年に改めて研究紀要の第1号を紐解いたときの感動は今でも覚えています。その巻頭言がこの3年間、何とか各校、各先生の努力を形にしたいという自分自身の思いを後押ししてくれました。ここに、その第1号の巻頭言を示しておきたいと思います。

第1号発刊のことば　「 源 流 こ こ に 」

　「濫觴」（らんしょう）という、今は余りみかけない成語がある。揚子江も水源にさかのぼれば、觴（さかずき）を濫（うか）べる程に微小である意と聞く。

　百年をけみした特殊教育の淵源も、一私人の献身であったろうし、養護学校教育義務化の流れも、現にわれわれの足もとからはじまっている。

　ことし特殊教育第二世紀の初頭、かつ義務制元年という記念すべき年に、機熟して全肢研大会が本県で開かれる。その県下に肢体不自由養護学校は5校を数える。

　まさに時流の会する所、大同の組織がおのずから凝集して「愛知県肢体不自由教育研究協議会」の誕生を見るに至った。

　日なお浅く、態勢も整わぬうらみはあるとしても、ここに会員研鑽のあとを若干録して「濫觴」のあかしとするのは、また時宜にかなう微意といえよう。

　流露のはじめはささやかであるが、われらが愛肢研の洋々たる前途を祈ると共に、同憂共苦の諸賢からの厳しい御批正を待つ次第である。

　昭和54年11月

　　　　　　　　　　　　　　　　　　　愛知県肢体不自由教育研究協議会会長
　　　　　　　　　　　　　　　　　　　愛知県立岡崎養護学校長　　鈴木拓郎

　愛肢研では、平成25年度からの3年間、「キャリア教育の視点からの授業改善」をテーマとして研究を進めてきました。本書は3年間の研究をまとめたものです。タイトルの「未来へとつなぐキャリア教育」には、愛知県の肢体不自由特別支援学校の先生方が、地道に積み上げてきた確かな教育実践を未来に継承し、さらに発展させていきたいとい

う熱い思いが込められています。初めは無謀な挑戦にも見えた愛肢研の書籍づくり。海のものとも山のものとも分からない本作りを、ここに一つの形としてまとめることができたのは、本当に多くの皆様の御協力の賜物に他なりません。本書に収められた一つ一つの教育実践は、対象となる子供の教育ニーズもさまざまですし、個々に課題や未熟な部分も少なからずありますが、広く読者の皆さんの教育実践の参考となれば幸いです。本冊子を御高覧いただき、御批正、御指導をお願いいたします。

　最後になりましたが、改めて御指導いただき、また、「発刊に寄せて」を御執筆いただきました　文部科学省初等中等教育局特別支援教育課特別支援教育調査官　分藤賢之氏、愛知県教育委員会特別支援教育課、愛知県総合教育センターの先生方、本当にありがとうございました。また、各校の研修部の先生方には、例年の研究に加えて、原稿の依頼、集約、そして校正と御尽力いただきました。心から感謝申し上げます。

　平成27年11月

愛知県肢体不自由特別支援学校校長会
代表　小川　純子
（愛知県立名古屋特別支援学校長）

未来へとつなぐキャリア教育

平成28年1月15日　第1版第1刷発行

編著者　愛知県肢体不自由教育研究協議会
発行人　加藤　勝博
発行所　株式会社ジアース教育新社
　　　　〒101-0054　東京都千代田区神田錦町1-23　宗保第2ビル
　　　　TEL 03-5282-7183　FAX 03-5282-7892
　　　　(http://www.kyoikushinsha.co.jp/)

Printed in Japan

ISBN978-4-86371-343-7
○定価はカバーに表示してあります。
○乱丁・落丁はお取り替えいたします。(禁無断転載)